서민의 고전을 읽어드립니다

어떻게 읽을 것인가

서민의
고전을
읽어드립니다

서민
지음

한국경제신문

일러두기

이 책에서 참고한 고전 작품은 저자가 보유한 해당연도판을 기준으로 작성됐으므로, 개정된 버전과는 일부 내용이 다를 수 있음을 미리 알려드립니다.

고전 읽기가 힘든 이유

"이 작품의 비극성은 주로 기다림의 부조리한 본질과 말의 한계, 그리고 삶의 유한성 등과 같은 무거운 주제와 연관된다."[1]

'로쟈'라는 필명을 가진 이현우 님이 《고도를 기다리며》(이하 고도)에 대해 쓴 글이다. 많은 사람이 《고도》를 읽었거나, 읽지 않았더라도 최소한 한 번쯤 들어는 봤을 것이다. 그런데 이 책을 읽은 사람들은 읽은 대로 스트레스를 받고, 안 읽은 사람들은 안 읽은 대로 스트레스를 받는다.

먼저 이 책을 안 읽은 사람들의 심경을 살펴보자. 이들은 여러 사람의 입에 오르내리는 명작을 읽지 않은 것에 스트레스를 받는다. 이 책 정도는 읽어야 교양인이라는 사회적 압력이 존재하기 때문이다.

그렇다면 읽은 사람들은 왜 스트레스를 받을까? 처음에는 책이 굉장히 얇다는 사실에 기뻐할 것이다. 읽어보니 내용도 별로 어렵지 않다. "뭐야, 세계 명작이라더니, 별거 아니네?" 어쩌면 읽고 난 뒤 다른 사람에게 이 책에 관해서 이렇게 얘기할지도 모른다.

그러나 시간이 지날수록 기분이 나빠진다. 그 이유는 《고도》의 작가가 뭘 말하고자 하는지 도통 모르겠기 때문이다. 우리는 중·고교 과정을 통해 작가의 의도를 파악하는 것이 진정한 책 읽기라고 배웠다. 그런데 그걸 모르겠으니 읽었다고 하기가 껄끄러운 것이다. 그래서 그럴 확률이 만분의 일이지만, 행여 다른 이가 그 책을 읽겠다고 하면 적극 만류하게 된다. "읽지 마! 읽어봤자 무슨 말인지 하나도 모른다고!"

이게 꼭 이 책에만 해당되는 것은 아니다. 정도의 차이만 있을 뿐, '고전'이 다 그렇다. 억지로 읽으면 읽히기는 하지만, 정작 작가의 정확한 의도는 모르고 만다. 우리나라에서 세계 명작이라 일컬어지는 '고전'이 읽히지 않는 것은 바로 이 때문이다.

서른부터 책을 읽었다. 평생 안 읽고 살 뻔했는데, 글을 잘 쓰려고 버둥거리다 결국 책을 읽게 됐다. 그때 읽은 책 중 하나가 《고도》였다. 그러나 무슨 말인지 하나도 이해가 되지 않았고, 그래서 마음이 편치 않았다. 당대 사람들이 책에 나오는 '고도'가 누구냐고 물었을 때 저자인 사뮈엘 베케트(Samuel Beckett)가 "내가 그걸 알았다면 작품에 직접 써넣었을 것"이라고 했다던데, 그런 뒷얘기도 별 위로가 되지 않았다. 문득 이런 생각이 들었다. '책을 읽은 지 얼마 안 돼서 이해력이 떨어지는 거야. 책을 많이 읽고 다시 고전에 도전하자.'

그로부터 십 년간, 일 년에 백 권이 넘는 책을 읽었다. 그 뒤 다시 고전을 읽기 시작했다. 처음 도전한 책은 《파우스트》였던 것으로 기억한다. 그러나 참 신기하게도 내 이해도는 십 년 전과 크게 다르지 않았다. 읽는 내내 짜증이 났다. 고전만 아니었다면 벽에 집어 던지고 다시는 보지 않았을 텐데, '고전'이라는 무게감이 그 책을 끝까지 읽게 만들었다. 내 책장에는 고전만 따로 모아두는 칸이 있는데, 《파우스트》는 아주 오랫동안 그 안에 자리 잡고 있었다. 다른 고전이라고 크게 다르지는 않았다. 재미있게 읽히는 것도 있었지만, 이해를 못하기는 마찬가지였다.

그 와중에 깨달음을 하나 얻었다. 고전을 이해하려면 인문학적 소양을 갖춰야 한다는 사실을. 그래서 철학 관련 책을 읽어봤지만, 고전이 그냥 험한 길이라면, 철학책들은 가시밭 길이었다. 그 가시들에 찔려가면서, 인문학적 소양이 하루아 침에 길러지는 게 아니라는 사실을 알게 됐다.

아마도 나와 비슷한 사람이 아주 많을 것이다. 고전에 도전하 고 싶은데, 이해가 안 될까 봐 망설이는 이들 말이다. 내가 이 책을 쓴 것은 그런 사람들을 위해서다. 저자의 의도를 모른 다고, 책을 관통하는 주제를 파악하지 못한다고 고전 읽기를 포기하지 말라는 것이다. 우리가 국어시험을 볼 것도 아닌데, 그런 걸 꼭 알아야 할까? 책에서 자신이 관심 깊게 볼 만한 지점이 있다면, 그걸로 만족할 수도 있는 것이 아닐까? 너무 힘들었던 세 권짜리 《안나 카레니나》를 읽는 동안 내가 '안나 카레니나의 미모가 얼마나 뛰어날까?'를 상상하며 지겨움을 떨쳐냈듯이 말이다. 그렇게 해서까지 고전을 읽어야 하느냐, 너무 비굴한 것 아니냐고 할지도 모르겠지만, 고전을 읽고 난 뒤의 이득은 생각보다 크다.

첫째, 사람이란 이름값에 흔들리는 존재인지라, 다른 책 10권을 읽는 것보다 고전 한 권을 읽는 게 훨씬 더 뿌듯하기 마련이다. 둘째, 인내심을 기를 수 있다. 《안나 카레니나》, 《돈키호테》등을 읽고 났더니 어떤 어려움도 극복할 수 있겠다는 자신감이 생겼다. 셋째, 읽다 보면 소소한 재미도 느낄 수 있다. 다들 알다시피, 고전이란 당대의 베스트셀러였던 책이다. 물론 교양으로 무장한 당시 귀족들이 주로 읽었겠지만, 그렇지 않은 이들도 충분히 재미있게 읽었으니 베스트셀러가 된 게 아닐까? 나 역시 그랬다. 읽으면서 '고전 별거 아니네?'라고 생각한 적이 한두 번이 아니었다. 다 읽는다고 이책이 어떤 의미를 갖는지 모두 이해되는 것은 아니었지만, 고전 읽기가 꼭 괴로운 것만은 아니었다.

이 책은 나만의 방식으로 쓴 '고전 읽기'다. 여타 고전 해설서와 달리 여러분이 알게 될 새로운 진리 같은 것은 없다. 오히려 '고전은 역시 힘들어요'라고 징징대는 내용이 주를 이룬다. 그 징징거림이 고전을 포기하고 싶게 만들 수도 있겠지만, '나만 어려운 게 아니구나' 하는 위안을 줄 수도 있지 않을까? 이 책을 읽고 여러분이 고전에 한두 권이라도 도전하고픈 마음이 생긴다면, 그걸로 만족한다. 그럼 나와 함께 고전의 세계로 떠나보자.

책에서 자신이 관심 깊게 볼 만한 지점이 있다면,
그걸로 만족할 수도 있는 것이 아닐까?

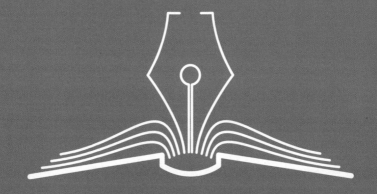

서민의 고전을 읽어드립니다
차례

장 오노레 프라고나르
책 읽는 소녀(A Young Girl Reading)
1773~1776 추정

선택의 역설

《제인 에어》

샬럿 브론테 _ Charlotte Bronte

📖 고전은 왜 힘들까?

독서에 관한 강의를 할 때 가끔 고전을 권하곤 한다. 이때 내가 설파하는 논리는 다음과 같다.

'책은 작가가 생각하는 인생의 정답인데, 오랜 세월을 거치며 살아남은 이른바 고전은 다수의 사람들이 "이거 정답 맞네!"라고 인정한 책이다. 그러니 고전을 읽은 사람은 정답을 미리 알고 시험장에 들어가는 학생처럼 삶을 훨씬 더 잘 살 수 있다.'

문제는 고전이 그다지 재미있지 않다는 데 있다. 사람들이 고전에 지레 겁을 먹는 이유도 다 이 때문이 아니겠는가? 이에 대해 이렇게 답하곤 한다.

"고전도 그 당시 베스트셀러였던 책입니다. 우리보다 배운 게 훨씬 덜한 사람들이 재미있게 본 책을 우리가 못 읽는다는 게 말이나 됩니까?"

한편으론 이 말을 하면서도 마음이 편치는 않았다. 정작 나 자신은 고전과 담을 쌓아놓고선 다른 이에게 고전을 권한다는 게 말이나 되는가? 뒤늦게나마 내가 고전 읽기에 열을 올리는 것은 그때의 죄책감 탓이기도 한데, 몇 달간 고전만 계속 읽다 보니 힘들기는 했다. 도대체 내가 왜 이런 일을 시작했을까 여러 번 후회도 했다.

'고전은 그 시대 베스트셀러였다'는 말을 다시금 되씹어보자. 우리는 왜 과거 사람들이 즐겨 읽던 책을 힘들다고 느끼는 걸까? 곰곰이 생각해보니 답이 나왔다. 시대적 환경이 다르기 때문이다.

이백 년 전의 모습을 한번 상상해보자. 스마트폰은 물론이고 TV조차 없다. 여행이나 이동의 자유도 없어서, 특별한 경우가 아니라면 사람들은 자기가 살던 곳을 벗어나지 못했다. 어떻게든 시간을 보내야 하는 게 인생이라고 할 때, 독서는 가장 좋은 취미였다. 마음먹고 책 한 권 읽으면 하루가 그냥 다 갔을 테니까. 책이란 게 주인공에게 빙의돼서 떠나는 한 편의 여행이니, 한 권의 책이 삶에 주는 즐거움은 이루 말할 수 없다.

지금이야 어디 그렇나? 가지고 놀 만한 게 너무나도 많고, 볼거리도 너무나 많다. 온갖 재밌거리에 눈을 돌리다 보면 시간이 화살처럼 흐른다. 아무리 재미있는 소설도 현실보다 더 재미있기 힘들다. 이런 와중에 문명도 발달하지 않은 시대의 이야기를 읽으며 즐거워하는 게 가능할까? '책이란 다른 취미보다 훨씬 나은 특별한 경험'이라는 끊임없는 셀프 세뇌가 없었다면, 독서 인구는 진작 멸종했을 것이다.

🍂 그래도 제인 에어는 재미있다!

투덜투덜하며 고전을 읽어가던 내게 《제인 에어》는 우주에서 부유하던 도중 발견한 산소통 같은 책이었다. 산전수전 다 겪은 나이라 웬만한 러브스토리에는 심장이 미동도 하지 않았는데, 제인의 사랑 이야기엔 가슴이 두근댔다. 그건 제인이 유년기에 고생을 많이 했기 때문일 것이다. 부모가 일찍 돌아가신 탓에 숙모 집에서 더부살이하는 게 고생의 가장 큰 이유겠지만, 제인의 외모가 여타의 소설 여주인공과 달리 평범하다라는 것도 그에 일조하고 있다. 하인들끼리 나누는 대화를 살펴보자.

> 하인1 만약 저 아이가 마음씨도 곱고 귀엽게 생겼다면 처지에 동정이 갈 거예요. 하지만 저렇게 밉상이어서야 어디 정이 가야지요.
>
> 하인2 …조지아나(숙모 아들) 정도로 예쁘게 생겼다면 같은 처지라도 더 동정을 살 텐데.
>
> 하인1 그래요, 난 조지아나가 귀여워 죽겠어요.

나 역시 어린 시절부터 외모 때문에 구박을 받았던 터라, 제인의 곤궁한 상황에 더 공감할 수 있었다. 특히 다음 장면. 귀족 로체스터가 갑자기 제인에게 결혼해 달라고 했을 때, 그녀는 다음과 같이 묻는다. "진정이세요? 진심으로 저를 사랑하세요? 정말로 제가 당신의 아내가 되는 것을 원하시는 거예요?"

이 대목에서 마음이 아팠다. 외모가 떨어지면 매사 자신감이 사라지고, 좋아하는 사람이 생겨도 고백을 하지 못한다. 설마 쟤가 나 같은 애를 좋아하겠어, 라며 자조적인 태도를 취하게 되는 것이다. 그러니 고백을 받더라도 이게 날 놀리는 게 아닌지 의심하게 된다.

아무튼, 저자인 샬럿 브론테(Charlotte Bronte)가 평범 이하의 외모를 지닌 여성을 주인공으로 설정한 건 의미심장하다. 여성이 단지 외모로만 평가되는 세태에 반기를 들었다는 게 가장 그럴듯한 해석이지만, 그만큼 자신의 스토리에 자신이 있다는 의미도 되지 않을까? 드라마는 물론이고 소설에서도 여자 주인공 대부분이 미녀로 설정되는 건, 그래야 독자들이 금방 공감할 수 있기 때문이다.

그런데 제인은 미녀와 거리가 먼 인물이며, 못생겼다는 얘기가 책 곳곳에 등장한다. 그러니까 여주인공의 미모로 독자의 관심을 불러일으키는 대신, 스토리의 힘으로 소설을 밀고 나가겠다는 것이다. 과연 그럴 만했다. 다음 내용이 궁금해 잠도 안 자고 새벽까지 책을 읽게 되었으니까.

📖 제인과 로체스터, 둘의 사랑은 바람직한가?

책이 주는 교훈을 이야기하기 위해 《제인 에어》의 줄거리를 조금 언급해야겠다. 집에서 구박만 받던 제인은 집을 떠나 비슷한 처지에 놓인 아이들을 교육하는 시설로 들어간다. 의지가 남달랐던 그녀는 그곳에서 우수한 활동을 해, 결국 교사가 된다.

그러나 모험심이 가득했던 제인에게 그 학교는 너무 지루한 곳이었다. 다른 곳으로 떠나기 위해 제인은 신문에 일자리를 구하는 광고를 냈고, 결국 귀족의 집에 가정교사로 들어간다. 그 집의 주인이 바로 로체스터다.

제인이 가정교사 일을 시작하자마자 로체스터를 만난 것은 아니다. 로체스터는 집을 싫어해 다른 곳에 머무르고 있었다. 몇 달이 지난 뒤, 답답해서 산책을 나간 제인은 자기 집으로 돌아오는 로체스터를 만난다. 그날 둘 사이에 무슨 일이 일어난 것은 아니지만, 제인은 설렘을 느낀다. 왜 그랬을까?

— 그것은 단조한 생활의 한 시간에 변화를 갖다준 셈이었다. (…) 첫째, 남성의 얼굴이었다는 점에서 그러했고, 둘째로는 사납고 씩씩하고 검은 얼굴이었다는 점에서 그러하였다.

그랬다. 그건 바로 로체스터가 남자였기 때문이었다. 성인이 되고 나서 처음으로 제인은 성인 남자를 만난 것이다.

그렇다고 제인과 로체스터가 잘 어울리느냐면 그것도 아니다. 다른 걸 다 떠나서 둘의 나이 차이가 너무 많이 난다. 제인은 열여덟 살인데 로체스터는 그보다 스무 살이나 많은 서른여덟이다. 지금도 용납하기 힘든 나이 차인데, 그때는 더 했을 것 같다.

그러나 이보다 더 큰 문제가 남아 있었다. 책의 시대적 배경을 저자가 살았던 1800년대라 가정한다면, 당시 인간의 평균수명은 마흔 정도에 불과했다고 한다. 물론 한 살 전에 죽는 경우가 많아 실제 수명은 그보다 길었겠지만, 그래 봤자 오십 대를 넘기지는 못했다. 그렇게 철저한 건강관리를 했던 조선 왕들조차 평균수명이 마흔다섯에 불과했다고 하지 않았나? 제인이 로체스터의 재산을 노린 것도 아니었으니, 제인을 사랑하는 독자라면 "난 이 결혼 반댈세!"라고 외쳐야 맞다.

📖 선택의 폭이 문제다

그런데도 제인은 로체스터를 짝사랑하기 시작한다. 나중에 결혼해 달라고 고백한 데서 보듯 로체스터 역시 제인을 보는 순간부터 사랑한 것 같으니, 엄밀히 말해 '짝사랑'은 아니지만, 제인은 그 사실을 몰랐지 않는가? 또한 신분의 격차가 엄연히 있어서, 로체스터는 상류층 자녀와 결혼할 것으로 보였다. 지성은 많이 부족하지만 미모가 빼어난 '잉그램'이란 여성이 로체스터 주위를 맴돌고 있었으니까. 그러나 아무도 제인의 사랑을 말릴 수 없었다. 제인은 그가 추남인데도 불구하고 "그의 얼굴은 내가 가장 보고 싶은 대상이 되었다"라고 하고, 그가 자신에게 몇 시간씩 눈길조차 주지 않아도 "그에 대한 사랑을 돌릴 수는 없었다"라고도 한다. 도대체 제인은 왜 이런 걸까?

이 비밀을 풀기 위해 우리는 또 다른 책을 불러와야 한다. 바로 바스 카스트(Bas Kast)가 쓴 《선택의 조건》이다. 이 책에 따르면, 고를 수 있는 대상이 많을수록 선택한 뒤 느끼는 행복의 정도가 떨어진다고 한다. 중국집에 가면 짜장면을 먹을까, 짬뽕을 먹을까 고민하는 사람들이 많을 것이다. 그러다 둘 중 하나, 예컨대 짜장면을 시킨 뒤 다른 사람 앞에 놓인 짬뽕을 보면 곧 후회하는 마음이 든다. "젠장! 짬뽕이 훨씬 더 맛있어 보이잖아!" 하지만 애초에 짬뽕 전문점에 가면 이런 시행착오를 안 해도 된다. 그곳에선 무조건 짬뽕을 먹어야 하고, 맛도 괜찮으니 후회할 일이 없다. 한 가지 메뉴만 파는 전문점들이 우후죽순 생겨나는 것도 선택의 폭을 제한해 만족감을 높이기 위함이다.

이 얘기를 남녀 간의 문제에 적용해보자. 아주 옛날에는 동네 사람들끼리 결혼을 했다. 동네 바깥으로 나가는 게 쉽지 않던 시절이니, 그러는 게 당연했다. 자신의 짝이 쌍꺼풀수술 전의 나처럼 생겼다 해도 결혼을 거부할 수 없었다. 마음에 안 차긴 했지만, 다른 선택지가 없는데 어쩌겠는가? 아마도 그들은 '삶이란 으레 이런 것이겠거니'라며 스스로를 합리화했으리라. 좀 더 극단적인 가정을 해보자. 무인도에 남녀가 갇혔는데 구조될 희망이 아예 없다면, 상대의 조건이 아무리 마음에 안 들어도 둘이 결혼해서 같이 사는 수밖에 없지 않겠는가?

하지만 지금은 상황이 달라졌다. 교통과 통신의 발달로 이 세상 모든 이성이 다 내 선택의 대상이 되었다. 이런 상황에서 한 명을 골라 결혼했을 때, 그 결혼이 만족스러울 수 있을까? 배우자와 다투기라도 하면 과거에 헤어졌던 미숙이가 생각나고, 회사에 있는 영자가 그리워진다. 길을 가다가 미모의 여인을 보기라도 한다면 "아, 내가 너무 빨리 결혼했구나!"라며 탄식할 것이다. 게다가 요즘 세상에선 이혼도 얼마든지 가능하다. 무인도에 갇힌 두 남녀처럼 다른 대안이 없다면 어떻게든 잘 지내려고 노력하겠지만, 헤어지고 언제든 새 출발을 할 수 있다면 상대적으로 잘 지내려는 노력을 덜 하게 될 것이다.

한 연구 결과에 따르면, 자신이 행복하다고 생각하는 비율이 1970년대에서 2000년대로 갈수록 떨어졌다고 한다. 특히 남성보다 여성이 덜 행복하다고 답한 경우가 훨씬 더 많았는데, 여성들이 일자리를 찾아 사회로 나간 게 바로 이 시기의 일이라는 데 주목해야 한다. 전통적인 주부의 역할을 하며 남편에게 경제적으로 의존할 때와 달리, 일을 통해 돈을 벌고, 여러 사람을 만나며 선택의 폭이 넓어지다 보니 그런 것이 아니겠는가?

🌿 그렇다면 제인 에어는?

제인이 로체스터를 사랑한 것은, 그러니까 대안이 될 다른 남성이 없었기 때문인지도 모른다. 제인으로서는 '로체스터냐 아니면 길버트냐?'가 아니라, '로체스터라도 결혼할래, 아니면 평생 독신으로 살래?' 중 하나를 골라야 했다. 게다가 그 당시엔 여성이 결혼을 안 하면 어딘가 이상한 여자 취급을 받았으니, 다른 선택은 불가능했다.

결국 제인은 로체스터를 만나 자신의 행복을 찾는다. 이건 책 앞부분만 읽어도 짐작할 수 있으니, 스포일러를 뿌렸다며 비난하지 말길. 결말 부분에서 결혼 십 년 차가 된 제인은 다음과 같이 말한다. "나는 나 자신을 이 세상 누구보다도 축복받은 사람, 말로 표현할 수 없을 정도로 축복받은 사람이라고 생각한다. 왜냐하면 나의 남편이 내 생명인 것과 마찬가지로, 내가 곧 남편의 생명인 까닭이다." 십 년의 세월 동안 싫증이란 것을 모르고 살았다니, 이 이상 완벽한 결혼은 없지 않겠는가?

그렇다고 이들을 축하해주고 끝내선 안 된다. 제인의 성공 비결을 벤치마킹하지 않는다면, 우리가 이 두꺼운 책을 읽은 보람이 없을 테니까. 앞서 나는 제인에게 다른 선택지가 없었다는 게 가장 큰 비결이라고 말했다. 이건 현대 사회에서 재현이 불가능하니, 신중하게 생각하고 상대를 선택하는 걸로 대체하자. 또 다른 비결은 없을까? 제인과 로체스터, 그들은 둘 다 얼굴을 따지지 않았다. 얼굴 뜯어먹고 사는 게 아니다, 라는 말도 있듯이, 외모는 처음 사랑을 불러일으키는 데는 유용한 도구지만, 결혼 생활을 유지하는 데 필요한 것은 성격이다. 제인과 로체스터는 그런 점에서 아주 잘 어울린다. 특히 부러운 점은 로체스터는 말하기를 좋아하고, 제인은 그 말을 아주 잘 들어준다는 사실이다. 나는 말이 좀 많은 편인데, 아내는 내 말을 잘 들어주지 않는다. 바로 이런 식이다.

나 오늘 학교에서 무슨 일이 있었냐면, 글쎄 학장님이 나를 불러서 어쩌고저쩌고….

아내 근데 너 저녁은 언제 먹을래?

이럴 때 얼마나 무안한 줄 아는가? 그래서 어느 날 아내한테 말했다. 내가 말이 많은 건 인정한다, 그래도 좀 들어주면 고맙겠다, 어릴 적 친구가 없어서 말없이 지낸 시간이 너무 많아서 그렇다. 아내의 대답은 이러했다. "네가 친구 없던 걸 왜 내가 책임져야 하는데?"

이게 바로 우리 부부가 가끔씩 싸우는 이유다. 아내가 내 말을 잘 들어주면 사이가 좀 더 좋을 것 같은데 말이다. 아내가 보면 어쩌려고 이런 말을 하느냐고? 괜찮다. 아내는 내가 쓴 책을 읽지 않는다. 오직 책의 인세에만 관심이 있을 뿐이다. 이런 점들이 가끔 서운할 때가 있지만, 그래도 십오 년 넘게 잘 살아온 걸 보면 나와 아내도 그럭저럭 맞는다는 거겠지.

책에서 얻을 수 있는 또 다른 교훈은, 제인이 자신의 운명을 적극적으로 개척했다는 점이다. 자신이 졸업한 학교의 교사로 평생 있을 수도 있었지만, 제인은 가정교사 일자리를 찾는다는 광고를 내고, 한 번도 가본 적 없는 낯선 곳으로 떠난다. 로체스터와 잠깐 틀어졌을 때도 과감히 집을 나가 새로운 운명에 도전하는 모습을 보여준다. 이런 여자를 로체스터가 어떻게 생각할까? 자신만 바라보고 뭔가를 해주기만을 기다리는 이성보다 '아, 이 사람은 내가 당장 붙잡지 않으면 어디론가 가버리겠구나!'라는 사람에게 더 안달할 것은 당연하지 않은가!

🔖 샬럿에게 톨스토이의 경험이 주어졌다면?

난 책의 저자인 샬럿에 대해 알지 못한다. 그런데도 책을 읽는 내내 제인과 샬럿이 겹쳐 보였다. 사람은 자신이 직접 겪은 일에 대해선 잘 이야기할 수 있다. 책 뒤쪽에 있는 작가 연보를 보니, 샬럿은 어머니를 일찍 여의고, 아홉 살 때 사립 기숙학교에 들어갔다. 《제인 에어》에 나오는 로우드 기숙학교는 여기서 영감을 얻은 듯하다. 또한 샬럿은 좋아하는 남성이 생기면 연서를 보내는 등 적극적으로 의사 표현을 하는 여성이었다. 이 또한 제인과 비슷한 면이 있지 않은가? 그러니 제인이 샬럿의 분신이라 해도 틀린 말은 아닐 것이다.

정말 아쉬운 점은 샬럿에게 그다지 많은 경험이 주어지지 않았다는 점이다. 그녀가 살던 시대는 우리나라의 1970년대보다 훨씬 더, 여성의 삶이 척박했다. 자유로운 이동은 고사하고 그럴듯한 사회적 경험조차 가질 수 없었다. 경험의 도움 없이 상상만으로 소설을 쓰는 것은 어려운 일이다.

톨스토이는 《전쟁과 평화》를 썼지만, 샬럿은 스케일이 훨씬 작은, '여인의 사랑 이야기'를 쓸 수밖에 없었던 이유다. 문학적 재능이 뛰어났던 샬럿이었으니, 바깥세상을 경험해 보고, 거기서 얻은 경험들을 소설로 써보고 싶었을 것이다. 실제로 저자는 제인의 생각을 빌려 자신의 소망을 피력하는 것처럼 보인다. 가정교사를 하기 위해 로체스터의 집에 도착한 뒤 제인은 지붕 위로 올라가 바깥세상을 바라보다, 이렇게 탄식한다.

— 생기에 찬 부산한 세상이나 도회나 지방에까지 미치는 지평선 너머까지 투시할 수 있는 시력을 가졌으면 좋겠다는 생각을 하였고, 또 지금보다 훨씬 풍부한 실지 경험을 쌓고 싶다는 생각을 하였고, 지금까지보다 훨씬 많이, 나와 같은 사람과 어울리고 가지가지 성격의 사람들을 알게 되었으면 하고 생각하였다.

그런 생각을 하고 이 대목을 다시 읽어보니, 마음이 아파온다. 샬럿이 바깥세상을 자유롭게 돌아다닐 수 있었다면, 얼마나 멋진 작품들을 세상에 내놓았을까? 그러나 현실은 그녀의 소망을 따라주지 않았다. 《제인 에어》를 출간할 때도 본명 대신 남성스러운 이름인 커러 벨(Currer Bell)로 출간해야 했을 정도니, 오죽했겠는가? 그래도 샬럿은 이 책으로 자신의 이름을 알렸으니, 이것만으로도 칭찬받아 마땅하다.

그때와 달리 지금은 의지만 있다면 얼마든지 자기 삶을 설계할 수 있는 시대다. 물론 어려움이 없진 않겠지만, 그래도 샬럿이 겪었던 것들에 비할 바는 아닐 것이다. 독자들이여, 고개를 들어 저 너머를 바라보라. 그리고 많은 경험을 해보길 바란다. 그 경험들이 《제인 에어》를 쓰게 할 수는 없을지라도, 여러분의 삶을 훨씬 더 멋지게 바꿔줄 테니까.

폴 세잔
사과 바구니(basket of apples)
1895

02

진정한 사과란?

《부활》

레프 톨스토이 _ Lev Tolstoi

🪶 골프선수들 사이에서 벌어진 일

2016년, 한국의 유명 골프선수 A가 대회 참가를 위해 싱가포르에 왔다. 공항 입국장에서 에스컬레이터를 타고 내려가던 A는 뒤에서 굴러온 여행 가방에 부딪혀 엉덩방아를 찧는다. 좀 어이없는 부상인데, 하필이면 그 가방을 놓친 사람이 동료 선수인 B의 아버지였다. 꼬리뼈 근육에 큰 통증을 느낀 A는 결국 대회에서 기권했고, '하필이면' B가 그 대회에서 우승해 버린다.

A와 B는 그해 8월에 열리는 리우올림픽에서 국가대표 자리를 놓고 경쟁 중이었는데, 올림픽 직전 세계 랭킹이 높은 선수가 국가대표가 되는지라 대회 하나하나가 중요한 터였다. A로서는 영 짜증이 날 수밖에 없었다. A 측은 사고 직후 B 측으로부터 사과를 받지 못했다며 불만을 터뜨렸다. A 아버지의 말을 들어보자. "사고의 경위야 어쨌든 간에 선수가 부상으로 경기에 출전하지 못했는데도 제대로 된 사과가 없었다. 자신의 딸이 소중하면 남의 딸도 소중한 줄 알아야 할 것 아니냐. 이것은 기본 상식이다."

A도 이 말을 뒷받침한다. 처음 사고가 났을 때 A는 이를 부모와 매니저에게 알리지 않았다고 한다. 그런데 그다음 날

연습라운드에 나갔을 때 B가 A를 보면서 "쟤 괜찮은가 봐. 볼 치러 왔네"라고 말하는 것에 욱해서 사고 얘기를 언론에 흘렸다는 것이다. 자숙해야 할 B가 그 대회에서 우승하고, 우승 세리모니로 비욘세의 춤을 따라한 것도 A가 보기에 눈꼴 사나웠다. 그러다 보니 A의 팬들은 B가 일부러 사고를 낸 게 아니냐는 의혹을 제기하기도 했다.

B 측의 얘기는 다르다. 사고 직후는 물론이고, 경기장에서도 충분히 사과를 했다고 한다. 그 사고도 에스컬레이터에서 아버지가 신발 끈을 묶는 과정에서 가방이 떨어진 것인데, 고의로 사고를 냈다는 주장은 터무니없다는 것이다. 논란이 커지자 B는 귀국한 뒤 "A의 부상이 안타깝고 미안하다"고 했지만, 비난은 계속됐다. 상식적으로 봤을 때 B 측에서 사과를 안 했을 것 같진 않다. 자기가 떨어뜨린 가방에 맞아 선수가 부상을 당했는데 모른 체한다는 건 말이 안 된다.

여기서 중요한 것은 '제대로 된 사과'다. 원래 사과는 피해자의 마음을 풀어주기 위해 하는 것이다. 부상으로 인해 대회참가가 좌절됐다면, 그 억울함이 얼마나 크겠는가? B로선 할수 있는 최대한에서 사과를 할 필요가 있었다. A가 입원한 병원에 찾아가는 것은 물론이고, 그 이후에도 꾸준히 안부를 묻는 게 맞다. 우승한 직후에도 춤을 추는 대신 '이 우승은 원래

A 선수의 것이어야 합니다'라며 상금 전액을 준다고 했다면 어땠을까? 이렇게 했는데도 A 측에서 불만을 가질 수 있을까? B가 나이 어린 선수라 사과의 중요성을 몰랐다면, 원인 제공자인 아버지라도 나섰어야 했다.

진정한 사과의 부재는 두 선수 모두에게 악영향을 끼쳤다. 엄청난 비난에 시달린 B는 그 이후 극도의 부진을 겪는다. 5위까지 올랐던 세계 랭킹은 10위로 떨어졌고, 결국 그녀는 리우올림픽을 TV로 봐야 했다. A 선수 역시 그해 성적이 그다지 좋지 않았다. 이후 다른 큰 대회에서 우승하긴 했지만, 올림픽이 끝난 9월의 일이었기에 올림픽 국가대표의 꿈이 좌절된 건 마찬가지였다.

📖 제대로 된 사과란?

한쪽에선 사과를 했다고 하고, 상대방은 사과를 받지 못했다고 하는 경우는 현실에서 빈번하게 벌어진다. 우리나라와 일본의 관계도 마찬가지다. 1990년 아키히토(明仁) 일왕이 '통석의 염'이라는 표현을 쓰는 등 일본 지도자들이 과거사에 대해 사과한 적이 있지만, 우리는 아직도 일본이 '제대로 된 사과'를 하지 않았다고 생각한다. 제대로 된 사과란 도대체 무엇일까? 인터넷을 찾아보면 사과의 원칙이라는 게 나오는데, 이는 다음과 같다.

첫째, 미안하다고 한 뒤 '하지만'이나 '다만' 같은 말을 붙이지 말라.

- **잘못된 사과:** 네가 방귀 뀌었다고 뭐라고 한 것, 미안하다. 하지만 네 방귀는 욕먹을 만했다.
- **잘된 사과:** 방귀는 생리현상인데 그걸로 야단을 치다니, 내가 심했다. 미안하다.

둘째, 무엇을 잘못했는지 구체적으로 밝혀라.

- **잘못된 사과:** 네 방귀로 인해 우리 모두 힘든 시간을 보냈다. 차후엔 그런 일이 없도록 하자.
- **잘된 사과:** 네가 방귀를 뀌었을 때 내가 너를 지목함으로써 망신을 줬구나. 정말 미안하다.

셋째, 말만 하지 말고 어떻게 보상할 것인지 밝혀라.

- **잘못된 사과:** 방귀 사건에 관한 너와 네 가족들의 질책, 소중히 받아들이겠다.
- **잘된 사과:** 앞으로 네가 방귀를 뀌었을 때, 세 번 모르는 척을 해주마. 경우에 따라선 내가 뀌었다고 대신 나서줄게.

넷째, 잘못을 깨달았을 때 바로 사과하라.

- **잘못된 사과:** 이십칠 년 전에 벌어진 방귀 사건, 미안하다. 그간 몇 번이나 사과하려고 했는데 주위에서 말려서 미뤘다가 지금 한다.

- **잘된 사과:** 아까 내가 방귀 가지고 뭐라고 한 것, 입장을 바꿔놓고 생각해보니 사려 깊지 못했다. 미안하다.

예시를 보면 '진정한 사과'도 별거 아니구나, 라고 생각할지 모르겠다. 그러나 현실에서 진정한 사과를 찾는 일은 그리 쉽지 않다. 잘잘못이라는 게 무 자르듯 명쾌하게 따질 수 있는 것도 아니고, 사회적 체면이나 처벌의 두려움 때문에 사과를 꺼리는 경우도 많아서다. 이럴 때는 고전을 읽어야 하는 법, 《부활》에 나오는 네흘류도프의 예를 보면서 진정한 사과에 대해 생각해봐야 하는 것은 이 때문이다.

🔖 인간 네흘류도프

네흘류도프라는, 입에 전혀 감기지 않는 이름을 가진 이 사내는 러시아 귀족으로, 드넓은 땅의 소유자다. 거기서 나오는 수입이 상당하니 먹고살 걱정은 없지만, 아무것도 안 하기에는 삶이 너무 심심하니 이런저런 우아한 일들을 취미 삼아 했다. 배심원도 그 일 중 하나였다. 그렇다고 그가 다른 배심원들과 잘 어울렸냐면, 그런 것도 아니다. 자신은 지체 높은 공작이라는 특권 의식이 강해서, 배심원으로 참여한 다른 이들을 대놓고 무시했다.

문제는 그런 특권 의식에 걸맞지 않게 삶이 지저분하다는 점이다. 그는 다른 공작의 딸과 혼담을 주고받는 와중에도 유부녀와 바람을 피우고 있었다. 그렇다고 그가 아주 쓰레기는 아닌 것이, 정말 나쁜 남자라면 아무렇지도 않게 공작 딸과 결혼했겠지만, 네흘류도프는 불륜에 대해 미안한 마음을 갖고 있었기 때문이다. "이것이 네흘류도프가 설령 자신이 바란다 해도 코르차기나(공작 딸의 이름)에게 청혼할 자격이 없다고 생각하는 이유였다."

한 가지 더 생각해볼 것은 땅에 대한 그의 태도였다. 땅을 가진 러시아 귀족들이 다 그렇듯, 네흘류도프 역시 그의 토지를 경작하는 농민들을 착취하면서도 그걸 당연히 여기는 사람이었다. 그가 한 끼 식사로 먹는 스테이크 한 점이면 농민 한 가족이 한 달을 먹고살았으니, 이런 사람이 좋은 사람일 수 있을까?

그런데 젊은 시절 그는 좌파 지식인에게 감명받아 '토지는 사유재산이 되어서는 안 된다'는 논문을 쓴 적이 있다. 단순히 논문만 쓴 게 아니라 실제 그게 옳다는 생각마저 갖고 있었다. 그러나 막상 넓은 땅을 물려받아 대지주가 되고, 그 덕에 사치스러운 생활을 영위하다 보니 젊은 시절의 생각은 온데간데없어졌다. 이제는 누군가가 그의 젊은 시절을 환기하려 해도 불쾌감을 느끼는 정도가 됐다. 이건 나쁜 일일까?

남들이 보기엔 위선자라 욕할 수도 있겠지만, 이건 모든 인간의 속성이다. 게다가 젊은 시절, 잠깐이라도 이런 생각을 해보는 건 바람직할 수도 있다. 그런 경험이 있어야 '가난은 게으름의 결과다'라고 하는 대신, 구조적인 문제가 배후에 숨어 있다는 것을 이해할 수 있으니까. 깨달음은 실천이 뒤따라야 그 의미가 생기는 법. 네흘류도프는 속죄의 삶을 살기로 결심한 책 후반부에 자기 토지를 농민들에게 나눠주려 한다.

이렇게만 본다면 네흘류도프가 죽을죄를 저지른 건 아니다. 그가 다른 대지주보다 특별히 나쁜 것도 아니고, 불륜은 물론 나쁜 짓이긴 하지만, 이것 역시 일부일처제가 인간에게 가혹한 탓으로 이해될 수도 있다. 그런데도 네흘류도프가 《부활》이라는 제목의 책에서 주인공으로 나오게 된 이유는 그가 한 여성의 삶을 송두리째 파괴했기 때문이다. 책의 여주인공 카튜샤의 삶을 돌아봐야 하는 것은 이 때문이다.

🔖 카튜샤의 기구한 삶

마슬로바, 일명 카튜샤라고도 불리는 이 여인은 출생부터 불운해, 여러 남자의 노리개였던 하녀가 그녀를 낳았다. 아버지가 없다는 얘기다. 그 생모마저 카튜샤가 세 살 때 죽자 아이 없이 살던 여지주(이하 지주)가 그녀를 맡았다. 그 집에 계속 살았다면 좋았을 테지만, 카튜샤에게 그곳에 머물지 못할 일이 생긴 게 불행의 시작이었다.

결국 그녀는 여기저기를 떠도는 신세가 되는데, 문제는 그녀가 빼어난 미모의 소유자라는 사실이었다. 그게 어느 정도인지 법정에 그녀가 등장했을 때의 묘사를 옮겨온다. "마슬로바(카튜샤)가 들어서자 법정에 있던 모든 남자들의 눈이 그녀에게 쏠렸다. 하얀 얼굴, 반짝이는 검은 눈동자, 할라트 밑으로 솟은 풍만한 가슴에서 그들의 시선은 한참 동안 떠날 줄 몰랐다." 여성의 미모가 고시 3관왕에 버금간다는 옛말도 있지만, 신분이 낮은 여성이라면 그 미모가 삶의 걸림돌이 되기도 한다. 카튜샤가 떠돌이 신세가 된 것도 바로 그 때문이었다.

- 지주의 집을 나와 쉰 살이 넘은 늙은 경찰서장 집에 하녀로 들어감. 서장이 달라붙어 귀찮게 함. 결국 가슴팍을 떠밀어 자빠지게 한 뒤 내쫓김.
- 산림 감시인의 집에서 일을 하게 됨. 감시인이 귀찮게 집적거리기 시작함. 아내가 그 사실을 알고 카튜샤에게 달려듦. 맞서 싸우다 쫓겨남.
- 다른 부인 집에 하녀로 들어감. 우리 나이로 고등학생인 큰 아들이 집적거림. 어머니한테 걸려 쫓겨남.

이런 걸 보면 아름다운 것도 참 피곤한 일이다. 어린놈이나 나이 든 놈이나 어쩌면 그리도 추근대는지, 오죽하면 카튜샤가 사창가로 들어가겠는가? 이 결정에 대해 카튜샤를 비난할 수도 있겠지만, 그녀의 말을 들어보면 이해가 전혀 안 가는 게 아니다. "마슬로바는 남자들의 집적거림과 잠깐의 은밀한 간통이 뒤따를 하녀라는 굴욕적인 지위를 택할 것인가, 생활에 어려움이 없는 편안한 합법적 지위와 법의 테두리 안에서 돈도 꼬박꼬박 받는 공공연하고 지속적인 간통을 택할 것인가 하는 선택의 기로에 섰다." 자, 이래도 그녀에게 돌을 던질 수 있을까?

　더 기가 막힌 것은 사창가 생활을 하던 카튜샤가 그녀와 잠자리를 한 상인의 살인사건에 휘말린 일이다. 자초지종을 들어보면 상인의 돈을 노린 두 종업원이 그를 죽인 것일 뿐, 카튜샤는 아무런 죄가 없다. 당연히 무죄로 석방돼야 마땅하지만, 법원의 선고는 징역 4년이었다. 여기서 이런 생각을 할 것이다. 이게 네흘류도프와 무슨 상관이지? 앞부분은 다른 남자들 잘못이고, 징역을 받은 것은 판사 잘못인데? 그렇지 않다. 놀랍게도 네흘류도프는 이 두 건에 모두 관여했다. 그 것도 아주 깊숙이 말이다.

📖 네흘류도프의 첫 번째 잘못

위에서 카튜샤의 비극이 지주의 집을 나오면서 시작됐다고 했는데, 네흘류도프는 여기에 책임이 있다. 카튜샤를 맡은 지주는 네흘류도프의 고모였는데, 열아홉 살 대학생이던 네흘류도프는 우연히 고모의 집에 갔다가 카튜샤를 보고 호감을 느낀다. 카튜샤 역시 귀족에다 잘생기까지 한 그가 싫지 않았기에, 둘은 본격적으로 썸을 탄다. 다 그런 건 아니지만 젊을 때는 사랑하는 여성과 무언가를 해보겠다는 마음보단, 숭배하고 지켜주겠다는 생각을 하게 마련이다. 그 역시 그랬다. 시간은 많았고, 지주의 저택답게 빈방은 차고 넘쳤으니 마음만 먹으면 얼마든지 일을 칠 수 있었지만, 네흘류도프는 딱 한 번 입술에 키스한 걸 제외하면 아무것도 안 한 채 저택을 나선다. 그래서 다음과 같은 아름다운 이별이 가능했다.

네흘류도프 잘 있어. 여러 가지로 고마웠어.
카튜샤 안녕히 가세요.

삼 년이 지난 뒤 네흘류도프는 다시 고모 집에 들른다. 삼 년 사이 달라진 사실은 그가 군대에서 장교로 복무하게 됐다는 점이다. 톨스토이에 따르면, 군인은 타락하기 쉽다. 중요한 일을 한다는 우월감에 흥청망청 돈을 쓰게 되는데, 주된 소비처가 일과가 끝나고 난 뒤 여자가 나오는 곳에 가서 유흥을 즐기는 것이었기 때문이다. 이런 생활을 하다 보면 여성을 성적 대상으로만 볼 가능성이 커지는데, 당시 네흘류도프의 상태가 딱 그랬다.

삼 년 만에 그가 다시 고모 집에 간 이유는 당연히 카튜샤를 보기 위해서였다. 혹시 그새 다른 곳에 갔을까 봐 걱정했지만, 다행히 카튜샤는 고모 집에 있었다. 그녀를 보자마자 네흘류도프는 넋이 나간다. 신성한 교회 미사 때도 카튜샤만 봤다고 하니 그 상태가 여간 심각한 게 아니다. 카튜샤를 본 그의 친구는 이렇게 말한다. "그렇군. 자네가 일주일 동안 고모님들 댁에서 지낼 만큼 갑자기 그분들을 사랑하게 된 게 다 그 때문이었어. (…) 매력적인걸."

카튜샤는 자신을 아껴주던 삼 년 전의 네흘류도프를 기억했기에, 그를 반갑게 맞이한다. 그러나 네흘류도프는 기회를 틈타 다짜고짜 그녀에게 키스하는데, 카튜샤는 당황해 그로부터 달아나버린다. 하지만 이미 늑대가 돼버린 네흘류도프는 다시 기회를 엿보다, 그녀가 자는 방으로 찾아간다. "이제 그 무시무시한 동물적 인간만이 그의 마음을 지배했다."

1차 시도는 카튜샤의 반항으로 실패했지만, 다시 기회를 본 그는 결국 뜻을 이룬다. 그가 이 일을 어떻게 생각했는지는 다음 행동으로 드러난다. 카튜샤에게 100루블짜리 지폐가 든 봉투를 준 것이다. 그 순간 그녀의 마음이 어땠을지, 미루어 짐작하시라.

딱 한 번의 관계였지만, 이는 임신으로 이어진다. 카튜사는 더 이상 그 집에 머물 수 없었고, 앞서 언급한 대로 방랑 생활이 시작된다(아이는 출생 직후 사망한다). 물론 네흘류도프는 그녀의 임신을 몰랐으니 조금은 억울하다 할 수도 있겠지만, 어쩌겠는가? 그 때문에 카튜샤의 인생이 꼬인 것은 틀림없는 사실이니 말이다.

🌿 네흘류도프의 두 번째 잘못

십 년의 세월이 흐른 뒤 배심원으로 법정에 출석했을 때, 네흘류도프는 카튜샤를 본다. 아직 카튜샤는 그를 알아보지 못한 상태. 여기서 네흘류도프가 처음 느끼는 감정은 두려움이었다. 임신 사실은 몰랐어도 사람에게는 양심이란 게 있어, 자신이 한 짓이 결코 잘한 게 아니라는 걸 본능적으로 알았기 때문이다. 골프선수 A의 예에서 보듯, 사과는 빠를수록 좋다. 그러니 그때라도 네흘류도프는 시간을 내서 그녀를 찾아가고, 과거 자신의 잘못에 대해 용서를 구했어야 했다. 이왕이면 사건의 자초지종을 듣고, 그녀가 불이익을 받지 않게 최선을 다하는 것도 필요했다. 권한을 남용해 범죄자를 풀어주는 일은 나쁘지만, 최소한 억울한 일은 당하지 않게 해주는 건 꼭 해야 할 일이 아닌가?

하지만 그는 그렇게 하는 대신 재판이 빨리 끝나서 그 자리를 모면하기를 바랐고, 수시로 찾아오는 죄책감을 외면하려 했다. 그 바람에 그는 배심원 일에 집중할 수 없었고, 이는 결국 치명적인 실수로 이어졌다. 아무런 죄가 없는 카튜샤가 상인을 독살한 것처럼 배심원 답신서가 작성되는 것을 그냥 지켜만 보고 있었던 것이다. 배심원 결정과는 별개로 판사가 선고를 하는 우리나라와 달리, 당시 러시아에서는 배심원의 결정을 판사가 뒤집을 수 없었기에, 카튜샤는 결국 징역 4년형을 받는다.

네흘류도프가 정신을 차린 것은 징역형을 선고받은 그녀가 울부짖기 시작했을 때부터였다. "저는 무죄예요. 무죄라고요." 그 모습을 본 그는 그제서야 자신이 무언가 해야 한다고 생각하고, 자신의 지위를 이용해 할 수 있는 모든 일을 한다.

① 재판장에게 찾아간다. 재판장은 자기가 할 수 있는 건 없으니 변호사를 찾아가라고 한다.
② 변호사를 찾아가서 상급 재판소에 상고하자고 한다.
③ 결국 최고 기관인 원로원으로 사건을 가져간다.

안타깝게도 상고는 기각된다. 판결이 잘못된 건 맞지만, 상고 이유가 희박하다는 그로테스크한 이 결정에 네흘류도프

는 좌절한다. 그가 최선을 다한 건 맞고, 공작이란 그의 지위
가 아니었다면 여기까지 오지도 못했을 것이다. 하지만 사과
에 타이밍이 있는 것처럼, 당시 러시아의 재판에도 타이밍이
있었다. 이게 오로지 네흘류도프만의 책임은 아니겠지만, 카
튜샤의 억울함을 알면서도 수수방관했다는 점에서 그의 죄
는 용서받기 어렵다.

🕮 네흘류도프의 속죄 방법

늦었지만 네흘류도프는 그녀에게 속죄하려 한다. "그래, 그녀
를 만나서 나를 용서해 달라고 청해야겠다. (⋯) 그녀와 결혼
하자. 만약 필요하다면." 용서를 구하는 것은 당연하지만, 결
혼을 하겠다는 생각은 좀 뜬금없다. 그런 짓을 저지르고도 그
는 아직도 카튜샤가 자신을 좋아한다고 생각한 것이다. 이것
은 그가 신분이 높은 귀족이기 때문에 부리는 만용인데, 그
는 그렇게 해주면 카튜샤가 행복해질 것이라고 진심으로 믿
었다. 오죽했으면 자기 말에 감동해 눈물까지 흘렸겠는가?
나중에는 스스로 도취해 이런 말도 한다. "참 좋구나! 얼마나
좋은지요, 하느님, 얼마나 좋은지요!"

네흘류도프는 감방으로 가서 카튜샤를 면회하고, 그 자리에서 용서해 달라고 빈다. 원래 그는 이런 장면을 기대했다. "오오, 네흘류도프, 그럴 필요 없어요. 난 이미 당신을 용서했어요." 그러나 카튜샤의 태도는 그가 기대한 것과 달랐다. 과거는 과거인데 뭔 속죄를 하느냐, 돈이나 좀 줘라. 이와 같은 반응에 네흘류도프는 정색하고 말한다. 난 지금 사죄하러 온 건데, 용서해줄 것인지 아닌지 대답하라고. 이것 역시 네흘류도프의 만용인 것이, 용서할지 말지 결정하는 건 어디까지나 피해자인 카튜샤의 몫이다. 자기 인생을 망친 자가 미안하다 사과한다고 해서 바로 용서하는 게 가능하기나 할까? 그런데도 네흘류도프는 '나 정도 되는 이가 사죄를 하는데 감히 매춘부인 네가 용서를 안 해?' 하는 마음을 갖고 있었던 것 같다.

이런 네흘류도프가 카튜샤와 결혼하면 행복할 수 있을까? 결혼은 사랑으로 하는 것이지, 속죄를 위한 방편으로 택해선 안 된다. 게다가 신분의 차이도 난다. 결혼은 둘만의 일이 아니라 가족 간의 결합이기도 한데, 네흘류도프의 가족들은 그녀를 가족의 일원으로 받아들이지 않을 것이다. 그가 좋아하는 사교계도 마찬가지다. 그가 카튜샤와 함께 사교계에 나가 다른 이들과 교류할 수 있을까? 그럼에도 네흘류도프는 그 이후 카튜샤를 면회 갔을 때 또 결혼 이야기를 꺼낸다.

> **네흘류도프** 당신과 결혼할 생각이오.
>
> **카튜샤** 그럴 필요가 뭐 있나요?

그러면서 카튜샤는 정곡을 찌르는 말을 해버린다. "이생에서는 내게서 즐거움을 얻고, 저세상에서는 나를 통해 구원을 얻으려 하다니! 당신이 혐오스러워. 당신의 안경, 당신의 기름진 불쾌한 낯짝. 가, 가 버려!"

🕮 네흘류도프의 사과에서 부족한 점

이쯤 했으면 알아들어야 하는데, 네흘류도프는 줄기차게 카튜샤를 찾아간다. 물론 그 과정에서 그가 도움을 준 측면도 있긴 하지만, 이미 인생이 망가졌다고 생각한 카튜샤에게 그게 얼마나 위로가 됐을지는 모르겠다. 2권에서는 네흘류도프가 유배지로 떠나는 카튜샤를 따라 먼 길을 가는 내용이 나오는데, 지나치게 집착하는 느낌이 들어 읽는 내내 지겹고 재미도 없었다. 그보다는 차라리 4년의 징역형을 마치고 나왔을 때 집과 토지라도 나눠주는 게 훨씬 더 도움이 됐으리라.

왜 네흘류도프의 사과는 받아들여지지 않았던 것일까? 첫째, 그는 사과의 타이밍을 놓쳤다. 다시 카튜샤의 말을 들어보자. "그때는 그렇게 느끼지 않고 100루블을 찔러 줬죠. 그게 네 몸값이다……." 그게 아니라면, 재판정에서 카튜샤를 봤을 때라도 용서를 빌고, 불이익이 없도록 최선을 다하겠다고 말했어야 했다. 그러니까 그는 앞서 소개한 사과 원칙 네 번째를 위반했다. 둘째, 이게 더 중요한데, 그는 피해자가 원하는 게 뭔지 몰랐다. 그러니 결혼해주겠다는 뜬금없는 얘기를 하고, 또 그걸 만방에 퍼뜨림으로써 자신이 착한 사람이라고 광고했다. 이건 자신을 위한 사과일 뿐, 카튜샤를 위한 게 아니었다. 이는 사과 원칙 세 번째를 위반한 것이다.

그럼에도 네흘류도프는 이 잘못을 한 번 더 반복한다. 자신의 영지로 가서 농민들에게 땅을 나누어주겠다고 했으니 말이다. "여러분이 원한다면 토지를 전부 여러분에게 넘기고 싶습니다." 그러나 그들이 원하는 건 그게 아니었다. 그저 소작료나 좀 적게 걷어가는 게 그들의 작은 바람이었지, 토지를 갖는 건 꿈도 꾸지 못하는 일이었기 때문이다. 심지어 농민들은 그의 말을 들으면서 '새로운 방법의 수탈을 하는 게 아닌가?' 하고 불안해하기까지 했다. 토지를 주고도 농민들에게 고맙다는 인사를 듣지 못한 건 그 때문이다.

📖 시모토아의 사과

이제 시모토아 엑시구아(Cymothoa exigua, 이하 시모토아)가 펼치는, 진정한 사과를 소개할 차례다. 시모토아는 어류에 기생하는 기생충으로, 물고기의 아가미에서 짝짓기를 한 뒤 암컷이 물고기의 입으로 가서 기생한다. 튼튼한 뒷다리를 이용해 자리를 잡은 시모토아는 강력한 앞발로 혀에 구멍을 뚫고 피를 빨아먹기 시작한다.

이다음이 문제다. 피가 부족해진 물고기의 혀는 썩어버리고, 결국 떨어져 나간다. 한 연구자가 멕시코 인근에서 도미 37마리를 잡은 결과 두 마리에서 시모토아가 발견됐는데, 물고기 혀의 90퍼센트 이상이 없었다고 한다. 물고기는 혀가 없으면 살지 못한다. 물속에서 먹는 것들이 죄다 기동력이 뛰어난 것들이라, 입에 들어온 것을 혀로 가둬놓지 못하면 먹이가 바로 도망쳐버리기 때문이다. 그런데 시모토아로 인해 혀가 없어지면, 물고기는 영양실조에 걸릴 수 있다.

여기서 시모토아의 진정한 사과가 등장한다. 그는 가슴에 있는 일곱 쌍의 다리를 이용해 남은 혀 조각과 입 바닥에 달라붙은 뒤, 혀 역할을 대신한다. 입안에 들어온 먹이를 가두는 것이다! 도대체 언제까지 이 일을 할까? 자신이 살아 있는 내내 그런다. 감동적이지 않은가?

네흘류도프와 달리 시모토아의 사과는 두 가지 면에서 성공적이다. 첫째, 물고기가 혀를 필요로 할 때 혀가 돼줬으니, 타이밍에서 합격이다. 둘째, 잠깐 하다 마는 게 아니라 물고기가 죽을 때까지 혀 역할을 대신해주니, '보상' 측면에서 봐도 적절하다. 이것을 두고 '물고기가 죽으면 시모토아도 죽으니, 자기가 살려고 그런다'라고 폄하하는 이도 있겠지만, 모든 사과는 사실 자신을 위해서 하는 것이기도 하다.

이렇게 본다면 네흘류도프의 사과가 엉망인 이유는 시모토아를 몰랐기 때문일 수도 있다. 만일 그가 시모토아에 대해 한 번이라도 들었다면, 그 따위 한심한 사과는 하지 않았으리라. 네흘류도프와 달리 이 글을 읽고 있는 여러분은 시모토아를 알게 됐다. 앎은 실천해야 그 역할을 다하는 법. 앞으로 독자 여러분은 진정한 사과를 해주길 바란다. 잘못을 저지르지 않는 사람은 없으니 말이다.

오노레 도미에
돈키호테와 산초 판사(Don Quixote and Sancho Pansa)
1868

돈키호테, 스토리텔링의 귀재

《돈키호테》

미겔 데 세르반테스 _ Miguel de Cervantes

📖 돈키호테의 위압감

《돈키호테》는 꽤 오랫동안 내 책장의 한구석에 꽂혀 있던 책이다. 책을 사랑하는 어떤 이에게 선물받은 것인데, 책의 두께가 주는 위압감이 대단했다. 두려운 마음에 분량을 확인하니 해설을 빼고도 본문만 717쪽에 달했다. 책을 읽는 일은 책속으로 뛰어들어 긴 항해를 하는 것과 같은데, 이 책을 읽었다간 왠지 바다에 영원히 갇히게 될 것만 같았다. '좀 여유가 생기면 읽자. 지금은 때가 아니야.' 하지만 그 '때'라는 건 쉽사리 오지 않았다. 출판사와 맺은 계약이 아니었다면 지금도 《돈키호테》를 보며 '아직은 때가 아니야'를 읊조리고 있었을지도 모른다.

책을 펼치자 맨 앞에 저자가 쓴 서문이 나를 반겼는데, 거기에는 다음과 같은 글귀가 있었다. "나는 책의 서두에 으레 치장으로 덧붙이곤 하는 (중략) 서론을 없애고, 아무 치장 없이 벌거숭이로 독자에게 내놓고 싶었다."

잠깐, 몇 달 전 패널로 참여한 방송프로그램 녹화장에서 겪은 일을 얘기해보자. 녹화를 시작하기 전, 함께 출연하게 된 동물 전문가 A 씨와 인사를 나누며 이렇게 말했다. "A 씨와 같이 나가니 든든합니다. 전 그냥 말 안 하고 있어도 되겠네요." A 씨도 인사말을 건네며 분.명.히. 말했다. "저는 오늘 말 거의 안 하려고요. 선생님이 많이 하셔야 돼요."

　카메라가 돌기 시작하자 A 씨는 돌변했다. 무슨 말이 그렇게 많은지, 도대체 끝이 나질 않았다. 너무 지루해서 내 테이블에 올라온 여치와 이야기를 시작했다. '너도 심심하지? 나도 그렇단다. 그래서 말인데, 넌 뭘 먹고 지내니? 정말로 이슬만 먹는 건 아니지?' 결국 나는 그날 말을 거의 안 하고 녹화장을 나섰는데, 세르반테스의 서문을 보니 갑자기 그때의 악몽이 떠올랐다. 그 느낌은 현실이 됐다. 《돈키호테》의 서문은 다른 책보다 훨씬 길었다. 서문이 끝난 줄 알았는데 그 뒤에는 11편의 시가 나왔다. 결국 나는 37쪽에 가서야 책의 주인공 돈키호테를 만날 수 있었다.

　그 뒤의 일은 생각보다 순조로웠다. 내용이 제법 재미있어서 진도가 술술 나갔으니까. '나만 당할 수 없다'는 취지로 이러는 게 아니라, 돈키호테는 진짜로 재미있는 소설이다. 이 책이 읽기 힘든 이유는 재미가 없기 때문이 아니라, 이야기가 곧잘 산으로 가기 때문이다. 예컨대, 돈키호테가 산초와 어느 곳을 지나다가 벌거벗은 채 다니는 한 남자를 만난다. 돈키호테가 그 연유를 묻자 그 남자는 자기의 사연을 이야기하기 시작하는데, 제법 긴 그 이야기를 듣다 보면 이런 생각이 든

다. '도대체 이 이야기가 책의 주제와 무슨 상관이 있지?'

돈키호테가 지어내는 이야기만 해도 양이 상당한 데다 다른 사람의 사연까지 읽어야 하니, 힘이 들 수밖에. 하지만 그 이야기들도 기본적으로 재미는 있기에, 마음을 조금만 넓게 가진다면 쉽게 읽을 수 있다. 게다가 《돈키호테》를 읽으면 큰 선물을 받게 된다. 우리나라에서 《돈키호테》 원본을 읽은 사람이 얼마나 될 것 같은가? 거의 없다. 주변에 있는 다섯 사람에게 물어봤더니, 아무도 읽은 이가 없다. 전 국민을 대상으로 물어봐도 1퍼센트가 안 될 것이다. 보름, 아니 넉넉잡고 한 달가량만 투자하면 1퍼센트 안에 드는 사람이 될 수 있다니, 한번 해봄직하지 않은가?

📖 돈키호테는 축약본의 피해자인가?

사실 사람들이 《돈키호테》를 읽지 않는 이유는 꼭 두꺼워서만은 아니다. 바로 축약본 때문이다. 대부분의 어린이가 초등학교 때 축약본 《돈키호테》를 접한다. 이미 내용을 다 아는 책을 또 읽을 필요가 없기에, 원본을 읽지 않는 것이다. 그러나 원본과 축약본은 제목만 같을 뿐 완전히 다른 책이라고 생각하기에, 이런 상황이 참 안타깝다. 원본을 읽어야만 깨달을 수 있는 심오한 무엇을, 축약본을 읽은 사람이 이해할 수 있을까? 예전에 쓴 《서민 독서》에서 나는 축약본의 폐해에 대해 일갈하며,《돈키호테》의 예를 들었다.

— 원본《돈키호테》를 읽은 이는 돈키호테가 자신이 믿는 이상을 현실 세계에서 구사하려다 조롱당하는 인간이라고 말한다. 그러므로 돈키호테를 사랑한다는 것은 '현재에 대한 미래의 승리, 현실에 대한 허구의 승리, 가능한 것에 대한 불가능한 것의 승리를 사랑한다는 것'이라고 말할 수 있다. (…) 축약본을 읽어서는 이런 멋진 해석이 나올 수 없다는 점이다.[2]

나도 원본을 안 읽은 처지였기에, 저 말은 유명 독서가이자 CBS 피디인 정혜윤이 《스페인 야간비행》에서 한 말을 인용한 것이다. 현실에 대한 허구의 승리라니, 정말 멋지지 않은가? 그러나 원본 대신 축약본만 읽은 사람은 돈키호테에 대해 다음과 같이 말한다. "한 또라이의 좌충우돌기." 난 생각했다. '이 사람이 만일 원본을 읽었다면 저렇게 말하지 않았을 거야.' 그래서 《돈키호테》야말로 축약본으로 인해 저평가

된, 축약본 최대의 피해자라고 생각해왔다.

　그런데 내가 《돈키호테》를 완독한 1퍼센트에 들어가고 난 뒤에는 이 생각이 조금 바뀌었다. 축약본을 읽은 사람의 말이 어쩌면 돈키호테의 본질을 정확히 파악한 것이라고. 돈키호테는 좀 이상한 사람이 맞다. 풍차를 거인으로 생각하고 돌진하는 것이 정상은 아니지 않은가. 요즘 같으면 넉넉히 조현병 진단을 받았을 것 같다. 내 견해가 지나치다고 생각할 사람도 있을 테니, 여기에 대해 좀 더 이야기해보겠다.

🔖 돈키호테는 그냥 이상하기만 한 게 아니다

잃어버린 기사도 정신을 찾겠다고 생각하는 게 꼭 나쁘다고 볼 수는 없다. 모험 초반에 있었던 풍차와의 싸움도 넘어갈 수 있다. "풍차가 움직이면서 창들은 산산조각이 났고, 잇달아 말과 기사도 휩쓸려 들어가 높이 떠올랐다가 들판에 내동댕이쳐졌다." 여기서 피해를 입은 이는 돈키호테 혼자뿐, 하지만 그의 기행이 문제되는 것은 그로 인해 다른 이들까지 힘들게 만드는 경우가 다반사였기 때문이다.

　첫째, 돈키호테와 산초는 한 주막에 묵는다. 그 하루 동안에도 굉장히 많은 일이 일어나지만, 문제는 돈키호테가 숙박비를 지급하지 않고 그냥 떠나려 했다는 점이다. "…지불을 면제해 달라는 것이오. 나는 편력기사도에 반하는 일은 할 수 없소." 물질적인 이득 대신 자신의 명성을 위해 방랑하는 이를 편력기사라고 하는데, 그때는 이미 기사의 시대가 저문 뒤라 돈키호테의 말이 통할 리가 없었다. 결국 주막 사람들은 산초를 담요에 놓고 둘둘 만 뒤 행가래를 치듯 던졌다 받았다를 반복한다. 이름하여 담요 키질. 이런 수모를 당했다면 이제 그만 집으로 돌아가는 게 맞지만, 돈키호테는 그러지 않는다. 그래서 둘은 그 뒤 담요 키질보다 더한 곤욕을 수도 없이 치러야 했다. 물론 산초에게도 잘못은 있다. 돈키호테가 공주와 결혼하면 자신에게도 땅과 재산을 떼어주겠다는 말에 혹했으니까. 하지만 산초는 엄연히 범죄 피해자고, 사기를 친 이는 돈키호테니, 후자를 비난해야 하는 게 당연하지 않은가?

둘째, 앞의 이야기야 돈키호테의 정신이 조금 이상하다고 넘길 수도 있지만, 다음은 문제가 좀 심각하다. 돈키호테 일행은 교도관이 죄인들을 묶어서 끌고 가는 장면을 목격한다. 그 죄인들은 남의 물건을 훔치거나, 가짜 약을 팔거나, 성범죄를 저지른 이들로, 갤리선에서 강제노역을 하러 가는 중이었다. 죄인들의 사연을 들은 돈키호테는 교도관에게 말한다.

악한 자는 어차피 하나님이 벌을 내릴 테니 이들을 풀어줘라, 그렇지 않으면 가만두지 않겠다, 라고 말이다. 교도관이 갈 길이나 가라고 답하자 돈키호테는 교도관을 창으로 찌른다. 덕분에 죄수들은 모두 풀려난다. 자유의 몸이 된 그들에게 돈키호테는 말한다. 자신이 숭배하는 둘시네아 공주에게 '내가 너희를 풀어줬다'고 전하라고. 터무니없는 말에 죄수들은 돈키호테 일행을 향해 돌팔매질을 한 뒤 이들의 옷을 훔쳐 달아난다. 돈키호테가 이런 수모를 받는 게 한두 번은 아니지만, 다른 것들과 달리 이번 일은 엄연히 범죄 아닌가?

셋째, 돈키호테는 마을의 아낙인 둘시네아를 자신의 여인으로 삼고 이상화한다. "그녀의 미모는 가히 신의 경지에 이르렀다 할 수 있는데…" 나중에 산초는 이에 대해 다음과 같이 반박한다. "그 처녀라면 저도 잘 압니다. 마을에서 가장 힘센 청년만큼이나 몽둥이를 잘 휘두른다더군요. (…) 아이쿠! 그 풍채와 목소리는 또 어떻고요!" 뭐, 보는 눈은 다 다르니, 이게 나쁘다고 할 수는 없다. 그러나 자신이 한 여인을 사랑하고, 그녀를 위해 충성을 바치겠다고 동네방네 떠드는 것, 이건 요즘 기준으로 디지털 성범죄에 해당한다. 둘시네아라는 여인이 실제로 존재했다면 돈키호테 때문에 무척이나 곤란했을 테니까.

🕮 돈키호테는 왜 칭송받을까?

사정이 이런데도 '현실에 대한 허구의 승리'라며 돈키호테를 변호한다면, 이건 '고전'에 대한 굴복이 아닐까 싶다. 고전은 좋은 책이고, 그 안에는 일반인이 눈치채지 못하는 심오한 교훈이 있다, 아니 있어야만 한다, 뭐 이런 심리 말이다. 그러나 고전이 꼭 좋은 책이라는 건 편견일 수 있다. 고전은 과거에 널리 읽힌 책,《돈키호테》역시 그랬다. 시공사 버전의 책 뒤에 나온 해설을 살펴보자. "《돈키호테》는 처음 출판되었을 때부터 폭발적인 인기를 누렸다. 독자들은 이 작품을 단순히 웃음을 주는 만화적 텍스트로 읽었다."

그런데 이 책은 그 뒤 재평가를 받는다. "18세기에《돈키호테》의 진가가 인정되면서 이 작품은 언어 예술의 본보기로 손꼽히게 되었다. (…) 19세기 낭만주의 시대에 이르러서는 (…) 숭고한 이상을 갖고 현실에 맞서 싸우는 돈키호테의 모습에서 실존하는 인간의 고뇌를 보았던 것이다."

베스트셀러는 시대의 조류를 반영한다. 1990년대 수백만 부의 신화를 썼던《무궁화꽃이 피었습니다》는 북한 핵의 공포에 시달린 나머지 '우리도 핵이 있으면 좋겠다'는 당시 사람들의 마음을 대변했다. 1980년대 히트작인《인간시장》은 싸움의 귀재 장총찬이 악인들을 응징함으로써 군사독재에 염증을 느낀 사람들의 마음을 위로했다. 그렇다고 그 책들이 소위 양서냐 묻는다면, 그렇다고 할 수는 없다. 이 책들이 지금은 거의 언급조차 안 되는 것은 이미 시대적 소명을 다했기 때문이다. 2010년 나온 《아프니까 청춘이다》도 마찬가지다. 열심히 공부해도 먹고사는 것조차 힘든 청춘들에게 이 책은 큰 위로가 됐을 것이다. 하지만 이 책이 십 년 후, 이십 년 후에도 여전히 대중에게 읽힐지는 회의적이다. 그 시대엔 또 어떤 상황이 펼쳐질지 우리가 알지 못하기 때문이다.

이와는 달리 일부 베스트셀러는 시대를 뛰어넘어 살아남는다. 이전에 언급했던 《제인 에어》를 보라. 그 책에는 당시로서는 상상하기 힘들었던 페미니즘의 싹이 있다. 세계 각국을 돌면서 견문을 넓히고 그 경험을 글에 담는 남성 작가들을 보며 '우리도 그렇게 하고 싶다'는 여성 작가의 절규가 느껴진다. 게다가 지금 읽어도 충분히 재미있을 만큼 술술 읽히니, 현대 독자들에게도 사랑받을 수밖에 없다. 우리가 '고전'이라 부르는 책들은 다 이렇게 '한 방'을 가진 것들이다. 그런데 《돈키호테》도 정말 그런 책일까?

어쩌면 이 책은 세르반테스(Miguel de Cervantes)가 주변에 있는 좀 이상한 사람의 기행을 조롱하는 의미로 썼을 수도 있다. 그런데 작가의 의도와는 달리 후대 사람들이 "오오, 이것은 현실에 대한 이상의 승리를 희구하는 저자의 바람이 들어간 책이야!"라며 칭송하고, 그 바람에 얼떨결에 고전의 반열에 들어간 건 아닐까? 일단 권위를 획득하고 나면 아무도 여기에 이의를 제기할 수 없다. 차라리 '정말 위대한 책'이라며 맞장구를 치는 게 훨씬 편하다. 이해가 안 되면 '내가 이 책의 진수를 깨닫지 못하는 탓'이라고 머리를 쥐어뜯으며 말이다.

📖 스토리텔링의 힘

그렇다고 내가 이 책에서 아무런 교훈도 얻지 못한 것은 아니다. 책을 읽는 내내 감탄한 것은 돈키호테의 스토리텔링 능력이다. 다음 대목을 눈여겨보자. 돈키호테는 저 멀리서 흙먼지가 일어나는 것을 본다. 두 무리의 양 떼가 길을 따라 이동하는 것에 불과했지만, 돈키호테는 이걸 군대가 진군하는 것으로 착각한다. 두 편의 군대가 싸우려 하니, 자신은 더 가난하고 의지할 곳 없는 편을 돕겠다고 나선 것이다. 내가 놀란 것은 이 둘의 대화다.

돈키호테 우리 정면에서 달려오는 군대는 A섬의 군주인 B가 지휘하고 있다. 등 뒤쪽에서 오는 상대편은 그의 원수, C의 왕인 D의 군대다.

산초 저 두 왕은 왜 그토록 서로를 적대시하는 겁니까?

돈키호테 B는 이교도인데, 기독교도에 아름답기까지 한 D의 따님에게 반했다. 그 처녀의 아버지인 D는 'B가 기독교로 개종하지 않는 한 자신의 딸을 넘겨줄 수 없다'고 선언했다.

산초 D가 옳다는 것에 제 수염을 걸겠습니다. 전 있는 힘껏 그를 도울 겁니다.

그 뒤 돈키호테는 군대의 구성에 대해 장광설을 늘어놓는다. "푸른색 바탕에 세 개의 은빛 왕관을 새긴 방패를 든 기사는 모든 사람들이 두려워하는 대공 미코콜렘보다. 대공의 오른편에 서 있는 거인들 중 하나가 겁을 모르는 (…) 영주 브란다바르바란 데 볼리체다. 그는 뱀가죽으로 만든 갑옷을 입고, 문짝으로 방패를 삼았는데…"

그러나 막상 흙먼지가 나는 곳에 가까이 가자 군대는 보이지 않고, 양들의 울음소리만 들릴 뿐이다. 산초가 이렇게 말하자 돈키호테는 그가 두려움에 빠진 나머지 사물을 있는 그대로 보지 못한다고 얘기한다. 그러더니 양 떼 속으로 들어가

양들을 찌르는데, 이로 인해 일곱 마리의 양이 죽는다. 놀란 양치기는 그러지 말라고 만류하다, 돈키호테를 향해 돌멩이를 던진다. 돈키호테는 그 돌에 맞아 어금니와 이 서너 개가 부러지고, 손가락 두 개도 뭉개진다.

이것 역시 돈키호테가 저지른 범죄지만, 양 떼가 일으키는 흙먼지에서 원한을 가진 두 군주의 대결을 상상하다니, 돈키호테의 스토리텔링 능력이 정말 대단하지 않은가? 이 책에는 이런 식의 재미있는 이야기들이 숱하게 나오고, 덕분에 두꺼운 책을 읽는 지루함을 잊을 수 있다.

🖤 스토리텔링의 비결

현대 사회에서 스토리는 대단한 힘을 가진다. 내가 재미있게 읽은 《스토리 전쟁》은 성공한 마케팅에는 다 멋진 스토리가 있다고 역설한다. 소설이나 영화는 물론 대중을 상대하는 이 세상 모든 것이 다 스토리라는 것이다. 예컨대 웹툰 작가가 되기 위해서는 그림을 잘 그려야 한다고 생각하지만, 웹툰에서 중요한 것은 사실 스토리다. 네이버에 연재된 웹툰 중 〈대가리〉와 〈약한 영웅〉이라는 작품을 보자. 둘 다 학원 일진물이긴 하지만, 둘의 인기도는 극과 극이었다. 왜 그랬을까?

〈대가리〉의 주인공 김구는 중학교 때 싸움질만 하다가 고등학교에 진학한다. 이곳에서는 조용히 지내려고 했는데 그게 잘 안된다. 그래서 김구는 늘 싸움질을 한다. 싸울 명분이 떨어지니 과거에 있던 일을 빌미로 싸우고, 나중에는 왜 싸우는지도 모르고 싸운다. 그러니 그 싸움에 무슨 긴장감이 있겠는가?

반면 〈약한 영웅〉의 주인공은 모범생인 연시은으로, 중학교 때 친구가 학교폭력으로 목숨을 잃는 사건에 휩싸인다. 이에 각성한 연시은은 그런 놈들한테 더는 당하지 않겠다, 최소한 자신은 지키겠다는 일념으로 싸움을 시작한다. 160센티미터도 안 되는 왜소한 체격의 연시은이 일진들을 물리치는 걸 보면 희열이 느껴진다. 중년의 나이에 학원 일진물에 흥분하는 내가 이상한가 싶었지만, 댓글을 보니 나 같은 사람이 아주 많았다. 〈약한 영웅〉의 매력은 연시은이 꼭 싸워야 할 때, 그러니까 어쩔 수 없는 상황에 몰렸을 때만 싸움을 한다는 데 있다. 일례로, 싸움을 가르쳐 달라고 하는 옆자리의 짝에게 그는 다음과 같이 단호하게 말한다. "너는 싸움보다 공부를 먼저 해야 할 것 같은데."

싸움 장면에 대한 작화 퀄리티는 〈대가리〉가 훨씬 뛰어나지만, 〈약한 영웅〉이 최후의 승자가 된 건 바로 스토리의 힘 때문이었다.

상태가 조금 안 좋긴 하지만, 돈키호테가 지금 세상에 나온다면 여전히 '또라이' 취급을 받을까? 어쩌면 그는 스토리텔링의 귀재로 각광받을 수도 있다.

[군대를 연상케 하는 흙먼지가 일어난다. 두 군대가 뒤엉켜 싸움을 하는 장면이 얼핏 나타나는데, 흙먼지가 점점 가라앉으면서 그 정체가 드러난다. 모 사에서 개발한 신차가 짠 하고 나타나는 것.]

쓰고 보니 그리 좋은 광고가 아닌 것 같지만, 요지는 돈키호테가 현대에 온다면 멋진 스토리로 세상을 뒤흔들 수도 있다는 얘기다.

돈키호테가 스토리텔링의 귀재가 된 비결은 무엇일까? 바로 책을 많이 읽어서다. "그 시골 귀족은 한가할 때마다—사실은 일 년 내내 한가했지만—기사소설에 빠져든 나머지 나중에는 사냥도, 심지어 재산 관리조차 제쳐두었다. (…) 급기야는 광활한 논밭을 팔기에 이르렀다." 그러니 성공하고 싶다면 책을 읽어야 한다. 소설가, 웹툰 작가는 물론이고 마케터, 강사, 방송인, 기생충학자에게도 스토리텔링 능력은 필요하다. 기생충학자는 갑자기 왜 나오냐고? 논문을 쓸 때도 스토리를 그럴듯하게 풀어내면 유리한 법이다.

단, 너무 책에 빠져서 책이 전부라고 생각하는 건 경계해야 한다. 책에서 많은 것을 배울 수 있지만, 삶에서, 사람들 사이에서 부대끼면서 배우는 게 훨씬 더 많다. 돈키호테를 보라. 책을 지나치게 읽다가 결국 판단력을 잃어버리지 않았는가? "잠도 안 자고 책만 읽다 보니 머릿속이 푸석푸석해지는가 싶더니 결국은 이성을 잃어버리기에 이르렀다."

저자가 돈키호테를 광인으로 설정한 것은 책에만 빠져 현실을 바로 보지 못할 수 있음을 경고하고자 한 게 아닐까 싶다. 모두가 다 스마트폰에 빠져 있는 지금 시대에서는 별반 소용없는 경고긴 하지만 말이다.

🕮 책 버리기의 곤욕

내가《돈키호테》에서 가장 공감이 갔던 대목은 장황한 이야기들보다 책의 앞부분에 나오는 다음 장면이었다. 조카딸과 신부님, 이발사 등 돈키호테가 저지르는 기행이 책 때문이라고 생각한 사람들은 돈키호테의 서가에 들어가 책을 다 버리기로 한다. 이때 조카딸이 하는 다음의 말에 귀 기울여보

자. "한 권이라도 용서할 필요 없어요. (⋯) 모조리 다 저 창문을 통해 마당으로 내던져 쌓아둔 뒤 불을 지르는 것이 좋겠어요."

하지만 일은 그렇게 되지 않는다. 책을 버리기로 한 사람들 중에 책을 사랑하는 이들이 있었던 것이다. 그래서 한꺼번에 책을 모아 불태우는 대신, 한 권 한 권 따져가면서 책을 버린다.

이발사 이 책이 이런 유의 책들 중엔 가장 잘 쓴 책이라고 합니다⋯. 용서해줘야 합니다.

신부 옳은 지적입니다. 그럼 이 책은 당분간 살려주도록 합시다.

그때 책 한 권이 이발사의 발아래 떨어진다.

신부 뭐라고요? 《****》가 여기에 있다고요? 이리 주세요. 그 책이야말로 흥미와 즐거움의 보고입니다.

이발사 그러죠. 그런데 이 나머지 책들은 어떻게 하죠?

신부 이 책들은⋯ 아무런 해가 없을 겁니다.

조카딸 아이고, 신부님, 그것들도 같이 불태워버려야 해요.

이발사 옳습니다⋯. 하지만 그것을 다 태울 것 없이 ***부분과

***만 떼어버리면 되겠어요.

이발사 이건 ****가 지은 《****》 전 10권입니다.

신부 맹세컨대… 이 책처럼 우습고 익살맞은 책은 없었습니다.

이런 식으로 많은 책이 살아남는다. 저자인 세르반테스의 책이 살아남는 장면도 깨알 같은 재미를 준다. 나중에 신부는 이런 말도 한다. "내가 그런 책을 불 지르라고 내주었다면 나 자신도 눈물을 흘렸을 것입니다."

이 대목이 재미있었던 건, 책을 사랑하는 사람들이 한 번쯤 다 경험했을 이야기이기 때문이다. 나만 해도 1,000권이 넘는 책을 소장하고 있어서 이사 갈 때마다 눈총을 받는데, 그 책들을 처분하려 시도한 게 십수 번을 넘지만, 그놈의 미련 때문에 번번이 실패하고 말았다. 이 책은 앞으로 두고두고 읽어야 할 책이라서, 저 책은 내가 스승으로 모시는 분의 책이라서, 그 책은 아는 이가 준 책이라서 등등, 지금 내 책꽂이에 있는 책들 중에는 살아남아야 할 이유가 없는 게 하나도 없다. 그러니 책은 점점 늘어나고, 지금은 책이 방 안마저 잠식해 발을 뻗기조차 힘들 지경이다. 왜 이러고 사나 자신을 원망하다, 세르반테스도 나와 같은 고민을 했을 것 같아 괜히 반가웠다.

자, 이제 결론을 내보자. 방대한 분량만 봐도 이 책을 읽는 게 결코 쉬운 일은 아니다. 그런데도 이 책을 읽어야 하는 것은 다음과 같은 이유 때문이다. 돈키호테와 함께하는 여행은 고전답지 않게 매우 즐거운 경험이 될 것이며, 그 와중에 스토리텔링과 독서의 중요성도 깨달을 수 있으니까.

제임스 티소
정원의 파우스트와 마그리트(Faust and Marguerite in the Garden)
1861

너무 나대지 말자

《파우스트》

요한 볼프강 폰 괴테 _ Johann Wolfgang von Goethe

🕮 큰소리의 추억

테니스 초보 시절, 친구 셋과 테니스를 치러 갔다. 레슨을 받은 지 일주일밖에 안 돼 실전 게임을 하기는 어려웠기에, 다른 친구들이 치는 걸 구경만 했다. 친구1과 친구2가 먼저 나섰고, 난 친구3과 코트 옆 바닥에 앉아 경기를 관전했다. 그런데 게임이 시작된 지 얼마 지나지 않아 친구3은 썩은 표정을 지었다.

"아유, 수준 낮아서 못 보겠다. 저 스트로크 좀 봐. 한심하다, 한심해."

친구3의 독설은 경기 내내 이어졌고, 하도 그러니까 멀미가 날 지경이었다. 그래도 난 친구3이 테니스를 굉장히 잘 치는구나 생각했다.

경기가 끝난 뒤 친구3은 경기에서 이긴 친구2에게 도전장을 내밀었다. 난 친구3의 화려한 플레이를 볼 생각에 살짝 가슴이 뛰었다. 하지만 경기는 이상한 방향으로 흘러갔다. 스트로크에서 친구3은 완전히 밀렸고, 제대로 된 샷을 거의 날리지 못했다. 결과는 6-0, 친구2의 완승이었다. 이 친구가 원래 허풍이 좀 있긴 했지만, 그래도 한 점도 따지 못한 건 의외였다. 아니나 다를까, 친구3의 표정은 아까보다 훨씬 더 구겨져 있었다.

　다음으로 친구1이 친구3과 시합을 했다. 설마, 이건 이기겠지 했는데 이 경기에서도 친구3은 별다른 반격을 하지 못한 채 6-1로 참패하고 말았다. 난 친구3에게 뭔가 위로라도 해주고 싶었지만, 그는 바쁜 일이 있어서 먼저 간다며 총총히 사라졌다. 그의 뒷모습은 내가 살아오면서 본, 가장 슬픈 뒷모습이었다.

　《파우스트》를 읽는 동안, 난 친구3을 떠올렸다. 파우스트는 "온갖 노력을 다 기울여 철저히 공부"했고, 그 결과 "철학도, 법학도, 의학도, 심지어는 신학까지도" 섭렵한 석학이다. 그는 자신이 아는 게 없다고 겸손한 척하면서, 다음과 같이 속내를 드러낸다.

　"박사니 석사니 문필가니 목사니 하는 온갖 멍청이들보다는 현명한 편이지. 나는 회의나 의혹 따위로 괴로워하지 않고 지옥이나 악마 따위도 두려워하지 않으니까."

　자신은 신과 닮아 "이미 영원한 진리의 거울에 아주 가깝다 생각했고" 자신의 조수가 책을 읽고 앎을 추구한다고 하자 "그깟 양피지 책이 (…) 영원한 갈증을 풀어줄 수 있겠나? 그것이 자네 영혼에서 샘솟은 것이 아니라면, 상쾌한 맛을 얻지 못할 것일세"라고 폄하하기도 했다.

🕮 주님의 내기

이런 파우스트를 '주님'은 사랑해 마지않았다. 악마 메피스토펠레스(이하 메피)가 '인간은 이성을 동물적으로 사는 데 써먹고 있다'고 비웃자 울컥한 나머지 다음과 같은 대화를 하게 된다.

> 주님 자네 파우스트란 자를 아는가?
> 메피 그 박사 말인가요?
> 주님 나의 종이니라.
> (…)
> 메피 내기를 할까요? 당신은 결국 그 자를 잃고 말 겁니다. 허락만 해주시면 녀석을 슬쩍 나의 길로 끌어내리리다.

결국 주님은 메피더러 "(파우스트를) 너의 길로 유혹하여 이끌어보려무나"라고 말한다. 행여 흔들릴지라도 결국 올바른 길로 갈 것이라면서 말이다. 만일 파우스트가 메피의 뜻대로 유혹에 빠져 허우적댄다면 그의 영혼을 메피가 취해도 좋다고 내기했다.

　　주님이 악마와 흔쾌히 내기를 한 이유는 이전의 경험 때문이 아닐까 싶다. '욥'이라는, 하나님을 향한 믿음이 깊은 사람이 있었다. 어느 날, 사탄은 욥에게 시련을 주면 주님을 욕할 것이라며 주님에게 내기를 청했다. 그러나 결과는 주님의 압승이었다. 사탄은 욥의 재산을 모두 날려버리는 것은 물론, 집을 무너뜨려 욥의 자식들까지 몰살하지만, 그는 하느님을 욕하지 않았다. 피부병에 걸려 기왓장으로 몸을 긁는 처지가 된 뒤에도 욥의 마음은 변함이 없었다. 욥이 이처럼 굳건했는데, 욥보다 더 많이 공부하고, 신학자이기도 한 파우스트를 두고 하는 내기는 당연히 이기지 않을까?

나 역시 그렇게 생각했다. 책을 읽기 전 내가 했던 상상은 다음과 같다. 메피가 파우스트에게 향락을 제공한다. 파우스트는 꿈쩍도 하지 않는다. 메피는 더 큰 향락을 제공한다. 파우스트는 이것마저 참아낸다. 결국 메피는 유혹에 실패하고, 주님은 메피에게 핀잔을 준다.

"그것 봐라. 위대한 인간은 너희 악마들이 어찌할 수 있는 수준이 아니다."

그러나 나의 예상은 처참하게 빗나갔다. 파우스트는 유혹에 저항하기는커녕 더 큰 향락을 제공해 달라고 광분했으니 말이다. 그 욕구가 일반인 수준만 됐어도 내가 그리 실망하지 않았을 텐데, 이건 뭐 일주일쯤 굶은 이가 식량을 탐하는 정도라 기가 막힐 뿐이다. 사정이 이랬으니 내가 테니스를 같이 치던 친구3을 떠올릴 수밖에. 파우스트가 어떤 일을 했는지, 안 읽은 사람들을 위해 여기서 정리해본다.

📖 파우스트가 유혹에 약한 이유

파우스트가 왜 자신은 신을 닮을 수 없는가 한탄하고 있을 때, 메피가 개의 모습을 하고 나타난다. 뛰어난 학자인 파우스트는 이 개의 정체가 악마라는 사실을 대번에 알아본다. 악마라면 바로 물리쳐야 맞건만, 파우스트는 악마와 이야기하며 즐거움을 느꼈던 모양이다. '오늘은 이만 물러가겠다'고 말하는 메피에게 "마음이 내키면 언제든 찾아오게나"라고 답한 걸 보라. 하지만 메피는 파우스트 집 안에 있는 부적 때문에 나갈 수가 없다. 메피는 자신을 내보내 달라고 애원하지만, 파우스트는 오히려 신나 한다. 이왕 잡은 것은 놓치지 않아야 한다면서. 이 행동은 세상을 위해서, 그러니까 악마가 바깥으로 나가 악을 퍼뜨릴까 봐 그러는 게 아니라, 악마와 같이 있는 게 즐거워서다.

메피는 할 수 없다는 듯이 "정 그렇다면 (⋯) 여기 남아 친구가 되어드리지요"라고 말한다. 물론 공짜는 아니다. 자신의 요술을 가지고 즐겁게 놀아보자는 게 메피의 조건이다. 향락의 세계로 빠져보자는 것인데, 파우스트의 다음 답변은 충격 그 자체다.

"어디 한번 보고 싶구나. 다만 요술이 재미있어야 하네!"

이 대목에서 난 한숨을 쉬었다. 이 인간, 도대체 뭐지? 더 중요한 사실은 이게 공짜가 아니라는 점이다. 메피는 다음과 같은 조건을 내건다. 이 세상에서는 네가 해달라는 대로 해주겠다, 그러나 저세상에 가면 네가 내 종이 되어 달라. 주님의 충실한 양은 차치하더라도 어쨌든 그는 신학자인데, 메피의 조건에 대해 그가 건넨 말은 그저 놀라울 뿐이다.

"저세상 따위는 개의치 않네."

그러면서 파우스트는 자신이 쾌락에 집착하는 징조가 보인다면, 기꺼이 악마의 종이 되겠노라고 선언한다.

이 선언은 파우스트가 타락하는 게 아닌가 걱정했던 나 같은 독자를 잠시나마 안심시킨다. 싸움 좀 하는 이가 상대에게 '어디 한번 들어와 봐!'라고 으름장을 놓는 것처럼, 파우스트가 악마에게 쾌락을 주문하는 이유는 그걸 능히 물리칠 자신이 있기 때문이 아니겠는가? 그도 그럴 것이, 파우스트는 아주 뛰어난 학자로 살았다. 다른 일도 마찬가지지만, 공부를 잘하려면 각종 유혹을 떨쳐버려야 한다. 시간이란 누구에게나 유한한 것인데, 놀 것 다 놀고 어찌 공부를 잘할 수 있겠는가? 아마도 파우스트는 학문만 들입다 파느라 다른 재미는 느끼지 못하며 살았을 터, 평생을 유혹과 싸워온 사람인데, 그깟 악마의 유혹인들 이기지 못하겠는가?

📖 유혹의 시작

흔히 사기는 못 배운 사람이 당한다고 생각하기 쉽다. 하지만 막상 사기를 당한 이들을 보면 교수를 비롯한 고학력자들이 꽤 많다. 그도 그럴 것이, 교수는 자기 분야에서나 전문가일 뿐 사기 분야에서는 평범한 일반인에 불과하다. 반면 사기꾼은 사기의 전문가로, 유창한 말주변과 더불어 어떤 상황도 그럴듯하게 설명할 수 있는 임기응변을 갖춘 이들이다. '도를 아십니까?' 같은 뜨내기 사기꾼도 있지만, 진정한 사기꾼은 매우 성실하기까지 해서, 한 건의 사기를 치기 위해 오랜 기간 준비하는 것은 기본이다. 이런 판국에 '나는 절대 사기를 당하지 않을 거야'라며 자신을 과대평가하는 사람들은 사기꾼에겐 좋은 먹잇감이다.

파우스트가 악마의 계략에 걸려든 것도 바로 터무니없는 자신감 때문이었다. 차라리 파우스트가 소싯적에 놀아본 적이 있는 이라면 해볼 만한 싸움이 될 수도 있었겠지만, 은장도로 허벅지를 찔러가며 공부만 했던 그가 악마가 선사하는 유혹을 이겨낸다는 것은 애당초부터 힘들었다.

그렇다고 메피가 파우스트의 바람대로 미녀를 소개시켜준 것도 아니었다. 메피가 선사할 유혹에 몸이 달아 있던 파우스트에게 메피는 약을 먹였는데, 그건 모든 여자를 트로이 전쟁의 원인이었던 세계 최고의 미녀 '헬레나'로 보이게 만드는 약이었다. 이러니 악마와 거래를 해선 안 되는 것이다. 이런 사실도 모른 채 파우스트는 처음 만난 여성에게 집적거린다.

"아름다운 아가씨, 감히 내 팔을 내밀어 당신을 댁까지 모셔다드려도 되겠습니까?"

'마르가레테'라는 이름을 가진, 남들에겐 '그레트헨'이라 불리는 그 여인은 자신은 아름답지도 않고, 데려다주지 않아도 집까지 갈 수 있다며 당차게 거절한다. 아무리 막 나가기로 했다손 쳐도, 거절을 당했으면 다른 여성을 물색하는 게 맞다. 그런데 여인의 미모에 눈이 먼 파우스트는 메피에게 도움을 청한다.

"저 처녀를 내 손에 넣게 해주게!"

메피가 난색을 보이자 파우스트는 이럴 거면 당장 헤어지자고 으름장을 놓기까지 한다.

결국 파우스트는 그레트헨과 만남을 갖고, 그녀의 마음을 사로잡는 데 성공한다. 여기에는 메피의 도움으로 얻은 보석함과 메피가 준 약 때문에 젊어진 파우스트의 외모가 도움이 됐으리라. 여세를 몰아 파우스트는 그녀에게 함께 밤을 보내자고 제안한다.

"한 시간이라도 당신 품에 편안히 안겨 가슴을 맞대고 마음과 마음을 통하게 할 수 없을까?"

육체적인 욕망을 충족하려 하면서 '마음과 마음을 통하게 하자'라니, 너무 위선적이지 않은가? 여기서 파우스트는 그레트헨의 어머니를 깊이 잠들게 할 약물까지 건넨다. 이쯤 되면 이 말을 하지 않을 수가 없다. 파우스트야, 너도 참 어지간히 굶주렸구나.

❧ 막가는 파우스트

여자를 만나본 적이 없는 파우스트였으니, 여기까진 이해할 수 있다고 치자. 그다음 사건들은 그저 상상을 초월한다. 파우스트는 그레트헨과 관계를 맺은 뒤 그녀를 임신까지 시켰으며, 이 사실에 분노해 파우스트를 쫓아온 오빠를 칼로 찔러 죽이기까지 한다. 물론 메피가 오빠의 손발을 마비시킨 뒤 찌르라고 하긴 했지만, 그런다고 진짜 찌르다니 좀 너무하지 않은가? 그레트헨에 대한 죄책감이 조금이라도 있었다면, 서둘러 그 자리를 빠져나오는 정도로도 충분했으리라. 그래 놓고서는 이 모든 책임을 메피에게 돌리기까지 했으니, 메피가 아무리 악마라도 기가 막히지 않겠는가?

사건은 여기에 그치지 않는다. 수면제라고 속여서 그레트헨에게 준 약물은 사실 독약이었고, 그로 인해 그녀의 어머니가 죽었다. 또한 그레트헨은 파우스트와의 관계에서 얻은 아이를 물에 빠뜨려 죽였고, 이로 인해 감옥에 간다. 그레트헨으로부터 이 사실을 듣게 된 파우스트는 다음과 같이 말한다.

"지난 일은 지나간 걸로 해둡시다."

자신으로 인해 엄청난 비극을 연달아 겪은 그레트헨 앞에서 이런 말이 나올 수 있을까? 가수 이적이 '지나간 것은 지나간 대로/ 그런 의미가 있죠/ 떠난 이에게 노래하세요/ 후회 없이 사랑했노라 말해요'라고 노래한 것은 열렬히 사랑하다 헤어진 경우지, 그레트헨의 비극에 갖다 댈 수는 없는데 말이다. 물론 그 뒤에 '죽고 싶구려'라는 대사를 추가하지만,

파우스트는 전혀 죽고 싶지 않았다. 왜냐하면 바로 뒤에 그레트헨을 데리고 가서 오래도록 사랑을 나누자며 추근댄 것이다. 아무리 그레트헨이 바보라도 그렇지, 자기 오빠 그리고 어머니의 원수와 그러고 싶겠는가? 그녀가 파우스트의 요청을 거절한 건 당연해 보인다.

혹자는 파우스트가 자행한 일련의 사건을 '순수한 사랑'으로 미화해 다음과 같이 해석하기도 한다. '지고지순하고 숭고한 사랑의 카타르시스와 비극, 이것이 그가 열정의 시험에서 얻은 소중한 체험이다.' 그러나 이게 말이 되려면 그 이후 파우스트의 행적이 조금은 나아져야 한다. 과연 그랬을까?

🕮 파우스트, 최대의 수혜자

마법의 힘 덕분에 그레트헨에게 푹 빠졌던 파우스트는 이번엔 진짜 미녀를 만난다. 파우스트의 능력이 시공을 초월한다는 것을 알게 된 제국의 황제가 지옥에서 헬레나와 파리스를 데려와 달라고 한 것이다. 메피의 도움으로 헬레나를 데려오는 데 성공한 파우스트는, 지금까지의 행태로 보아 매우 당연하게도, 그녀의 미모에 넋이 나간다. 그는 선언한다. "내가 그녀를 구하겠다. 그러면 그녀는 이중으로 내 것이 되리라. (…) 그녀를 알게 된 자, 그녀를 놓칠 수 없으리라." 파우스트는 이 말과 함께 헬레나에게 달려든다. 결과는 파국이었다. 큰 폭발이 일어나 모든 것이 사라진 것이다.

그 여파로 기절했던 파우스트는 정신을 차린 뒤에도 헬레나 타령에서 벗어나지 못한다. 깨어나자마자 제일 먼저 한 말이 "헬레나는 어디 있을까?"였으니까. 보다 못한 메피는 헬레나가 파우스트와 잘되게 도와준다. 헬레나가 파우스트의 청혼을 받아들이게 한 것이다. 둘은 부부가 됐고, 아들까지 낳는다. 이쯤 되니 앞서 했던, 악마와 거래를 하면 안 된다는 말은 취소해야겠다. 이 정도 조건이라면 절대 밑지는 장사가 아니잖은가? 문제는 그 아들이 파우스트의 욕망을 그대로 빼닮았다는 점이었다. 그는 젊은 처녀를 데려와 성폭행을 시도하려다 그만 죽어버리고, 헬레나는 상심한 나머지 자신도 아들을 따라 하늘로 올라간다.

그 뒤의 이야기는 매우 장황하다. 파우스트가 왕으로부터 땅을 하사받아 그 지역을 개발하는데, 이건 이렇게 해석된다. 성적 욕망은 다 충족했으니 이젠 돈이나 벌어볼까? 원래 파우스트는 학자로서 명성이 있었으니, 이쯤 되면 모든 걸 다 누렸다고 할 수 있다. 파우스트가 쾌락의 끝에 도달했다는 증거인 "멈추어라. 너 정말 아름답구나!"라는 말을 한 것은 너무도 당연했다.

메피는 예정대로 파우스트의 영혼을 접수하려 하지만, 주님은 천사들을 시켜 파우스트의 영혼을 빼돌림으로써 약속을 어긴다. 이 같은 사실에 메피는 분개한다. "내가 담보로 잡아두었던 그 고귀한 영혼을 놈들이 교활하게 채어가고 말았다." 그 이후 악마들이 다시는 주님과 내기를 하지 않게 된 것은 이 사건 때문이 아닐까?

정리하면 이렇다. 영혼을 얻기 위해 파우스트에게 온갖 쾌락을 맛보게 해준 메피스토펠레스는 가장 큰 패배자다. 주님 역시 신망을 잃었으니 패배했다고 할 수 있다. 하지만 파우스트는 쾌락은 쾌락대로 다 누리고 영혼이 천국에 가는 경사도 누렸으니, 이 사건의 최대 승리자다.

📖 파우스트, 친절하지 않은 소설

파우스트는 연극 대본처럼 모든 내용이 대화체로 돼 있다. 일반적인 책보다 읽기 쉽겠구나 했지만, 막상 읽으면 그리 만만한 책은 아니다. 특히 뜬금없이 등장하는 '발푸르기스의 밤'

은 내용 파악을 심각하게 방해한다. 그레트헨과의 일이 채 마무리되기 전, 파우스트와 메피는 어느 산으로 올라간다. 그 산에서는 온갖 인물들이 등장해 축제를 벌이는데, 마녀는 물론이고 장관, 정치인, 벼락부자, 작가, 현실주의자, 독단론자 등이 나와서 한마디씩 한다. 다 뜬금없는 내용들이라, 소설의 전개상 이게 왜 필요한지 도대체 이해가 되지 않는다. 그래도 1권에 나오는 '발푸르기스의 밤'은 분량이 짧아서 이해하는 척하면서 넘어갈 수 있지만, 2권의 '고전적 발푸르기스의 밤'은 대략 70쪽이 넘는 분량이다. 이 대목을 읽고 있노라면 '역시 고전은 어렵구나' 하는 생각이 절로 든다.

심지어 책의 마지막 부분도 여러 인물의 향연으로 끝난다. 천사들이 합창하는 것이야 넘어가줄 수 있지만, 승천한 소년들, 마리아 숭배의 박사, 죄 많은 여인 등이 도대체 왜 등장하는지, 이들의 대사는 도대체 무슨 의미가 있는지 머리가 아파온다. 이런저런 불만을 터뜨리며 책장을 넘기면 맨 마지막 구절에 다다른다. "영원히 여성적인 것이 우리를 이끌어 올리도다." 이건 또 무슨 소리인지 당최 모르겠어서 인터넷 검색을 해보니 더 모르겠다. 어떤 이는 그레트헨으로 인해 파우스트가 구원을 받았다고 하고, 또 다른 이는 이 말이 노자, 장자와 일맥상통한다고도 한다. 이런 유의 해설을 읽으면

'아, 그렇구나!'라는 깨달음이 와야 하건만, 이 해석들에 일말의 공감도 가지 않았다. '나 《파우스트》 읽었거든?'이라고 자랑은 할 수 있을지언정, 최소한 내게 《파우스트》는 좋은 책이 아니다.

그래도 책에는 교훈이 있어야 하는 법, 파우스트의 조수가 내뱉은 다음 구절이 그나마 교훈이라 할 만했다.

"이렇게 연구실에 처박혀 있다가 겨우 휴일에나 세상 구경을 하는데, 그것도 먼발치에서 망원경을 통해 보는 거라면 어찌 설득을 통해 대중을 인도할 수 있겠습니까?"

파우스트는 조수의 말을 반박하지만, 난 이 말이 일말의 진실을 담고 있다고 생각한다. 자신은 세상과 담을 쌓은 채 책만 읽어놓고선, 속세의 대중들이 타락했느니 어쩌니 일갈하는 건 설득력이 없다는 얘기다. 파우스트를 보라. 막상 속세의 여인들을 만나고 나니 누구보다 더 맹렬하게 육체적인 욕망을 탐하지 않는가? 그러니 직접 경험하지도 않은 채 세상의 모든 이치를 다 아는 것처럼 나대지 말자. 자신도 모르는 사이 시험대에 올라 굴욕을 당할 수 있으니까.

내기를 할까요?

당신은 결국 그 자를 잃고 말 겁니다.

허락만 해주시면 녀석을 슬쩍 나의 길로 끌어내리리다.

이반 크람스코이
미지의 여인(Portrait of unknown woman)
1883

05

자기 일이 있어야 한다

《안나 카레니나》

레프 톨스토이 _ Lev Tolstoi

📖 별칭이 많아서 더 어려운 책

"저도 읽는 데 삼 년 걸렸어요."

《안나 카레니나》를 읽고 있다는 내 얘기에 어떤 분이 했던 말이다. 그 말에 난 전적으로 수긍할 수 있었다. 내가 읽은 것은 민음사 판인데, 그 책은 1권이 520쪽, 2권이 668쪽, 3권이 608쪽이나 되기 때문이다. 이 세 권을 읽는 노력으로 다른 책을 읽었다면 10권은 읽었을 것 같다. 그 지겨움이 어느 정도였는지 잠깐 말해보자.

2권 종반쯤 가니까 안나가 산욕열에 걸린다. 출산 도중 세균에 감염돼 열이 나는 병인데, 당시에는 항생제가 없어서 산욕열로 죽는 산모들이 꽤 많았다고 한다. 그때 마음 한구석에서는 이렇게 외쳤다. 그래, 여기서 안나 죽고, 이 책 그만 읽자.

나를 괴롭힌 게 분량만은 아니었다. 러시아 사람들은 이름이 긴 데다, 별칭까지 있다. 그 두 개 중 하나만 쓰면 좋으련만, 마구 섞어놓다 보니 어지럽기까지 하다. 예를 들어볼까. 1권 42쪽은 '스테판 아르카디치'에 관한 설명으로 시작된다. 그러다 중간에 갑자기 이런 말이 나온다. "스티바 오블론스키는 형제, 누이, 사촌, 부모의 형제들 등 수백 명의 친인척을 통해…" 스티바? 이 사람은 도대체 누구지 했는데, 동일인이었다. 46쪽에선 수위 아저씨와 스테판 아르카디치가 대화를 나누는 장면이 등장한다. 갑자기 스테판이 마구 계단을 뛰어오르자 수위는 "오블론스키의 얼굴을 이상하다는 듯 쳐다보았다".

역시 주인공 중 하나인 '레빈'이란 남자는 농부 니콜라이와 이야기를 나눈다.

<u>레빈</u> 그게 말이야, 니콜라이! 결혼을 할까 해.
<u>니콜라이</u> 오래 전에 벌써 했어야죠, 콘스탄틴 드미트리치.

나는 콘스탄틴 드미트리치라는 사람이 갑자기 끼어든 줄 알았는데, 알고 보니 그 사람이 레빈이었다. 러시아에서는 이런 호칭이 보편적이라 해도, 독자를 생각해서 좀 적당히 했어야 하는 게 아닐까 싶다. '스테판 아르카디치는 식사를 했다. 그 뒤 오블론스키는 이쑤시개로 이를 쑤셨다'라고 할 필요가 있냐는 얘기다.

그런데 여기 주인공들은 다 이런 식이다. 이름 여러 개를 주렁주렁 달고 산다. 머리가 좋을 때 읽었다면 모를까, 나이가 들어서 읽으니 그게 참 괴롭다. 할 수 없이 수시로 책 앞표

지에 있는 '주요 등장인물'을 펼쳤지만, 이름 두 개 중 하나만 나와 있는 등 그다지 친절하지 않았다.

게다가 이름들은 좀 긴가! 1등 주인공인 안나 카레니나도 사실은 '안나 아르카디예브나'이고, 이 이름이 제법 자주 나온다. 이걸 제목으로 썼다면 책이 반의반도 안 팔렸을 것이다.

그래도 내가 끝까지 읽을 수 있었던 것은 과거의 경험 덕분이었다. 학생 시절, 기생충을 배울 때 학명을 다 외워야 했다. 회충의 학명은 아스카리스 룸브리코이데스(Ascaris lumbricoides)이고, 광절열두조충은 디필로보쓰리움 라툼(Diphyllobothrium latum)이다. 시험에 학명을 쓰라는 문제가 나오는지라, 무슨 말인지도 모르면서 이것들을 외워야 했다. 그런 나도 러시아 사람들의 이름은 어려웠다.

가족관계도 마찬가지다. 등장인물이 너무 많고 그들이 다 혈연으로 얽혀 있기에, 이들이 어떤 관계인지 헷갈렸다. 안 되겠다 싶어서 나름의 가계도를 그린 뒤 시시때때로 그 그림을 보니까 도움이 됐다.

자, 정리하겠다. 《안나 카레니나》가 읽기 어렵다면, 그 중 절반은 등장인물의 이름 때문이다. 그리고 이건 당신 탓이 절대 아니다.

🕮 러시아에서는 안나 정도 돼야 명함을 내민다

자, 이제 브론스키에 관해 이야기해야겠다. 수많은 등장인물이 나오고, 주연급만 해도 예닐곱 명인 이 대작에서 제목인 안나 카레니나(이하 안나)와 더불어 투톱으로 활약하는 이가 바로 브론스키다. 당시 브론스키에게는 그를 좋아하는 여성이 있었다. 그는 그다지 관심이 없었지만, 키티라는 여성이 그를 일방적으로 짝사랑했다. 그렇다고 키티가 예쁘지 않은 것은 아니었다. 위에서 잠깐 언급한 '레빈'이란 남자가 키티를 어떻게 생각하는지 살펴보자.

"그녀는 그가 생각하는 것보다 훨씬 아름다웠다. (…) 자그마한 얼굴과 처녀다운 가냘픈 어깨 위에 자연스럽게 늘어뜨린 옅은 금빛 머리칼의 아름다움 (…) 날씬하고 아름다운 몸매…" 이런 여인이 자기를 사랑하는데, 브론스키는 냉담하기만 하다. 그가 혹시 외모보다 내면을 보는 드문 남성이라서일까? 그렇지 않다. 그가 한 미모 한다는 이유만으로 유부녀인 안나에게 반하는 것만 봐도 알 수 있다.

그럼 왜 브론스키는 키티를 받아들이지 않았을까? 이건 내 생각인데, 그곳이 러시아이기 때문일 것이다. 이전에 《전쟁은 여자의 얼굴을 하지 않았다》라는 책을 읽은 적이 있다.

2차대전에 참전했던 여성들의 이야기를 담은 책으로, 2015년 노벨문학상을 받았다. 그 책에서 내가 놀란 점은, 책에 나오는 여성들이 다음과 같은 회고를 많이 했다는 점이다. '우리 중에 예쁜 아이들이 많았어.' '내가 그때 참 예뻤어.' 그때 생각했다. 전쟁에 나가는 여성들도 다 예쁘다니, 러시아는 웬만큼 예뻐서는 명함도 못 내미는구나!

《안나 카레니나》에서도 마찬가지다. 등장하는 여성들이 모두 미녀로 묘사된다. 심지어 레빈이 잠깐 들르는 농가의 아낙도 미녀다. "그 농가가 레빈에게 불러일으킨 행복한 인상에는 어쩌면 덧신을 신은 아낙의 아름다운 얼굴이 크게 작용했을 것이다."

키티의 친구인 바렌카의 미모도 만만치 않다. "그가 자신의 아내에게서 보기를 갈망하는 모든 미덕, 정확하게 그 모든 미덕을 이 정도로 겸비한 아가씨는 찾을 수 없었다. 그녀는 젊음의 아름다움과 싱싱함을 모두 갖추고 있었다."

주변을 둘러보면 다 미녀만 있으니, 브론스키가 키티에게 냉담할 수 있었던 것이다. 그럼 안나는 도대체 얼마나 예뻤기에 브론스키가 순식간에 반했을까? 브론스키가 안나를 처음 만나는 장면을 보자. 브론스키는 어머니를 모시러 기차역에 갔다가, 오블론스키를 만난다. 그는 자기 여동생을 마중 나온

참이다. 그 여동생이 바로 안나인데, 브론스키는 그녀를 보자마자 한눈에 반해버린다.

— 그녀가 대단히 아름다워서도 아니고, 그녀의 모습 전체에서 풍기는 우아함과 겸손한 기품 때문도 아니었다. 다만 그의 옆을 지나치는 그녀의 사랑스러운 얼굴 표정에 유난히 상냥하고 부드러운 무언가가 있었기 때문이었다.

미모와 우아함은 기본이고, 다른 무언가가 더 있다니, 무엇인지는 잘 모르겠지만, 그것이 안나의 눈을 반짝이게 하고 미소를 짓게 만든단다. 이로써 브론스키는 사랑의 포로가 된다.

그 사랑은 안나가 참가한 무도회에서 더는 참을 수 없는 단계에 이른다. 키티도 브론스키를 유혹하려 한껏 멋을 내고 무도회에 왔지만, 안나를 당할 수는 없었다. 톨스토이는 이런 표현을 쓴다.

— 그녀의 매력은 언제나 그녀의 몸치장을 초월해 있다는 것, 어떤 옷이든 그녀가 입으면 전혀 눈에 띌 수 없다는 것을 이해했다.

도대체 무슨 말일까? 아무리 좋은 옷을 입어도 안나밖에 보이지 않을 만큼 미모가 뛰어나단 얘기다. 그 안나를 브론스키가 갈구하는 눈으로 바라보고 있었으니, 키티로서는 죽고 싶었을 것이다. 전날 레빈이 구애를 했을 때 단칼에 거절한 것도 다 브론스키와 잘되리라 믿어서였는데, 이젠 오갈 곳이 없어져버렸으니까.

🔖 삐걱거리는 불륜

그래도 안나는 남편이 있는 유부녀다. 브론스키가 자신에게 빠졌다는 사실을 알았다면, 정신 차리라고 냉수라도 건네주는 게 이치에 맞다. 하지만 안나는 그의 시선에 행복의 미소를 짓는다. 왜일까? 알고 보니 안나는 자기보다 스무 살이나 많은 남편과 결혼했고, 그를 전혀 사랑하지 않았던 것이다. 돈이 많고 지위가 높으면 뭐 하나, 못생겼는데. "그의 생김새가 내게 육체적인 영향을 미쳐요." 갑자기 내 아내에게 미안한 마음이 든다. '여보, 당신은 쌍꺼풀 수술도 안 한 나를 십사 년이나 참아줬구려.'

그런 와중에 괜찮게 생긴 귀족이 안나 자신에게 흠뻑 빠졌으니, 얼마나 기분이 좋을까? 키티가 폐인이 되든 말든, 둘은 곧 불륜에 빠진다. 남편에게도 안나는 단호하게 선언한다. "난 그를 사랑해요. (…) 난 당신을 견딜 수 없어요. 당신이 무서워요. 난, 당신을 증오해요."

어렵사리 하나가 된 브론스키와 안나는 행복했을까? 그랬다면 이 책이 베스트셀러가 되지는 않았을 것이다. 이 불륜에 누구 책임이 더 크다고 말하진 않겠다. 간통죄도 폐지된 마당에 잘잘못을 따져서 뭐 하겠는가.

문제는 둘의 삶이 그다지 행복하지 않다는 점이었다. 일단 안나의 남편이 이혼을 해주려 하지 않았다. 그로서는 그럴 만도 하다. 성실하게 살았다고 생각했는데, 배신당했으니까. 둘째, 안나에겐 어린 아들이 있었는데, 불륜을 택함으로써 이제 그 아이를 볼 수 없게 됐다. 셋째, 이게 가장 중요한 문제인데, 브론스키와 달리 안나에게는 할 일이 없었다는 점이다.

안나와 불륜을 시작한 뒤에도 브론스키는 자신의 삶을 바꾸는 대신, 과거처럼 방탕한 생활을 지속했다. 안나는 그러지 못했다. 과거 안나가 드나들던 사교계에서 그녀의 출입을 막았기 때문이다. 사실 사교계가 그리 대단한 곳은 아니긴 하다. 만나서 의미 없는 대화를 나누고, 남의 흉을 보곤 했으니까. 하지만 그 시절, 상류층 여성들에게 유일하게 사회적으로 허락된 공간이라는 점을 감안했을 때 사교계로부터 거절을 당했다는 것은 안나에게 큰 충격일 수밖에 없었을 것이다.

그렇다면, 이제 안나는 뭘 하며 지내야 할까? 안타깝게도 안나는 브론스키가 밖에서 뭘 하고 지내는지에만 관심을 가진다. '너 어제 유흥업소 가서 여자랑 놀았지!'라고 따지고, 지루해 죽겠다고 징징거린다. 안나가 바라는 것은 오직 하나, 그의 관심과 사랑이었다. "그가 여기 있는 한, 그는 날 사랑하지 않을 수 없어. 날 사랑하지 않고는 못 배길걸." 브론스키가 좀 더 양심적인 남자였다면 이런 안나의 사정을 헤아렸겠지만, 그는 그런 스타일이 아니었다. 이해는 간다. 남자든 여자든, 누군가 자기에게 집착하는 걸 견디지 못하니까.

만일 안나에게 자기만의 일이나 시간을 보낼 취미가 있었다면 어땠을까? 이런 상황을 가정해보자. 안나는 소설가의 꿈을 가지고 있다. 브론스키는 안나를 보러 일찍 들어온다. 안나는 소설을 쓴다고 자기 방에 틀어박혀 나오지 않는다. 그날 있었던 재미있는 일을 이야기해주려고 몸이 닳은 브론스키는 안나를 부른다. 그러나 안나는, 지금 중요한 대목을 집필 중이니 잠깐만 기다리라고 한다. 한 시간이 지난 뒤 안나가 모습을 드러내자 브론스키가 달려간다. "안나, 드디어 나왔구려!" 그런데 안나가 이렇게 말한다. "잠깐, 나 화장실 좀

다녀와서 얘기하자." 게다가 안나는 변비까지 있다. 또 삼십
분이 흐른 뒤 화장실 문이 열리고, 초췌한 표정의 안나가 나
와서 하는 말. "성공했어. 근데 무슨 할 말 있어?"

자, 이번에는 다른 상황을 상상해보자. 안나는 도박장에 있
는 브론스키에게 빨리 오라고 쪽지를 보낸다. 그러나 그곳에
서의 향락을 놓치고 싶지 않은 브론스키는 쪽지를 무시한다.
안나는 재차 '몸이 아프다'고 쪽지를 보낸다. 혹시나 하는 마
음에 안나에게 가보니, 그녀는 말짱하다. 안나는 보고 싶어서
그랬다고, 오늘 어떻게 보냈냐고 묻는다. 당신이 브론스키라
면 어떤 안나를 더 사랑하겠는가?

🔖 결혼과 구속 사이

실제로 안나는 브론스키가 빨리 오게 하려고 딸이 아프다고
거짓말을 한다. 집에 온 브론스키가 아이는 어떠냐고 묻자
안나는 좋아졌다고 말한다. 그러나 안나를 보는 브론스키의
시선은 점점 차가워진다. 거짓말이라는 사실을 안 것이다.
둘의 다툼은 점점 잦아진다. 어느 날, 브론스키가 집안일 때
문에 모스크바에 다녀와야 한다고 하자 안나는 화를 낸다.

"당신은 하루 와 있다 또 떠나는군요. 여느 남자들처럼."

그러면서 안나는 자신도 모스크바에 같이 가겠다고 한다. 이 같은 안나의 반응에 브론스키의 눈이 차갑다 못해 잔혹하게 변한다. 그에게 안나는 더 이상 예쁘지 않았다.

— 정신적으로나 육체적으로나 그녀는 추한 모습으로 변했다. 안나의 몸은 옆으로 푹 퍼져버렸고 (…) 그녀의 얼굴을 일그러뜨리는 표독스러운 표정이 떠올랐다.

격세지감을 느끼게 되는 대목이다. 미모와 우아함, 그리고 지성까지 겸비했던 안나는 이제 남편에게만 집착하는 평범한 여자가 된다. 방탕한 생활을 하던 브론스키로선 싫증이 날 법도 하니, 둘의 관계가 갈수록 악화된 것은 당연한 귀결이었다. 물론 안나가 아무것도 안한 것은 아니었다. 책을 많이 읽었다는 구절이 나오긴 한다. 그러나 1,700쪽에 달하는 두꺼운 분량에서 그 묘사는 딱 한 번 나올 뿐, 대부분의 시간 동안 안나는 어떻게 하면 브론스키를 오게 할 수 있을까만 궁리한다.

이 책의 다른 등장인물인 키티에게도 비슷한 순간이 찾아온다. 브론스키에게 거절당하고 난 뒤 상심에 빠졌던 키티는 레빈이 다시금 구애하자 대번에 받아들인다. 그리고 결혼까지 한다. 그런데 키티를 오매불망하던 레빈 역시 키티의 집착을 귀찮아한다. 멀리 떨어져 사는, 레빈의 형이 위독하다는 편지를 받았을 때가 대표적인 예다. 편지를 읽은 레빈이 형한테 가보겠다고 하자, 키티는 자신도 가야겠다고 말한다. "키티! 그게 무슨 소리야?"

나로서는 선뜻 이해가 가질 않는다. 키티가 같이 가주겠다면 오히려 좋아해야 하는 것 아닌가? 그런데 레빈은 이런 생각을 한다. '내게 이토록 중요한 순간에도 그녀는 혼자 남으면 심심하지나 않을까 그것만 생각하고 있어.'

그래 놓고선 그걸 형에 대한 애정으로 포장하고 있으니, 화가 치민다. 레빈은 키티에게 가지 말라고, 가봤자 방해만 될 거라고 말한다. 키티는 눈물을 보인다. "난 남편이 괴로울 때 남편과 함께 있는 것이 내 의무라고 느껴요." 그러나 레빈은 자신이 노예처럼 된 것이 끔찍하다는 막말을 내뱉는다. 키티도 더는 참을 수가 없다. "그럼 당신은 왜 결혼을 했죠? 자유롭게 살지 그랬어요. 이렇게 후회할 거라면 결혼을 왜 했느냐고요?"

결혼은 서로를 구속하는 면이 있다. 사람들이 점점 결혼을 기피하는 것은 바로 이런 점이 싫어서일 것이다. 《2019 대한

민국 트렌드》라는 책에 따르면, 지금 사람들은 혼자라는 것을 훨씬 더 좋아한다고 한다. "혼자서 일상을 영위하지만 그다지 외로워하지 않는다. 오히려 피곤함도 덜 느끼고, 혼자 시간을 보내는 것이 더 긍정적이라고 느낀다."[3] 심지어 혼자 시간을 보내는 게 더 긍정적이라 답한 사람은 62.3퍼센트인 반면, 부정적이라는 사람은 1.8퍼센트에 불과했다.

이렇게만 본다면 이 시대에 결혼을 원하는 사람은 극히 드물 것 같다. 그러나 웬걸. 아직은 결혼하는 사람들이 훨씬 많다. 왜 그럴까? 누군가를 사랑하게 되면 그 사람과 평생 같이 있고 싶어지기 때문이다. 기꺼이 그 사람에게 구속되고 싶어지는 것, 그게 바로 사랑의 위대한 힘이다. 지인이 결혼할 때 기꺼이 축하를 보내는 이유도 그나 그녀가 그런 운명의 상대를 만났기 때문이다.

🔖 가끔은 경각심을 줄 필요도 있다

문제는 사랑의 약발이 그리 길지 않다는 점이다. 이른바 사랑의 유효기간. 어떤 이는 석 달이라고 하고 또 다른 이는 일 년이라고 하지만, 이 기간이 얼마나 될지는 각자 하기 나름이라고 생각한다. 아무리 멋진 사람이라 해도, 늘 자신만 바라보길 원하며, 같이 있어 달라고 칭얼거린다면 매력이 떨어지기 마련이다.

안나가 그랬다. 앞에 언급한 구절을 읽고 키티도 안나와 비슷하지 않느냐고 생각할 수 있지만, 그렇지 않다. 키티에게는 안나보다 독립적인 면이 있었다. 결혼 전 레빈이 키티에게 고백했을 때 단칼에 거절한 장면을 상기해보면 더 뚜렷하게 느낄 수 있다. 그때 키티는 브론스키를 사랑하고 있었다. 그 경험으로 인해 레빈은 '그녀가 과연 나를 사랑하는가?'라는 불안감을 지니고 있다. 그래서 레빈은 정말 유치하기 짝이 없는 질투를 여러 번 폭발시킨다. 자기가 집으로 초대한 친구와 키티가 이야기를 나누는 것에 안절부절못하는 것처럼. 급기야는 키티한테 이런 말을 해버린다.

— 내가 질투하는 게 아니라는 것을 이해해줘. 난 질투 같은 건 하지도 못하고 그것을 믿고 싶지도 않아. 난 지금 내가 느끼는 것을 말할 수 없어. 하지만 그것은 끔찍해. 난 질투하지 않아. 하지만 누군가 당신을 감히 그런 눈길로 보려 하거나 보는 것은 내게 모욕적이고 굴욕적인 일이야.

레빈이 질투를 못 한다는 것은 다 거짓말이다. 그는 질투에 눈이 멀어 아내를 다그쳤고, 결국 그 친구를 자기 집에서 쫓아버리는 무례를 저질렀다. 이런 일이 한두 번이 아니었다. 혹자는 '의처증 아니야?'를 걱정할 수도 있지만, 다행히 그 정도는 아니다. 이 정도 질투야 뭐, 얼마든지 넘길 수 있는 수준이고, 실제로 레빈과 키티는 이런 대화가 오가면서 서로의 사랑이 더 굳건해짐을 느낀다. 안나와 브론스키의 결말이 그리 좋지 못한 반면, 이 둘은 책이 끝날 때까지 행복하게 잘 산다. 그렇게 본다면 아무리 부부 사이라 해도 적당한 긴장감이 필요한 건 아닐까?

예컨대, 외국에 사는 한 부부는 오 년마다 유효기간이 오 년인 결혼계약서를 작성한다고 한다. 계약 연장에 동의하지 않으면 별다른 절차 없이 이혼이 이루어지는 조건이다. 이 계약서는 그 부부의 삶을 바꿨다. 계약 연장을 위해 서로에게 최선을 다하고, 연장을 하는 날엔 축하파티를 밤새도록 한다니 말이다. 혹시 헤어질 수는 있겠지만, 이런 삶도 멋지지 않은가? 이건 물론 외국 얘기다. 그 나라는 동거 부부도 혼인에 준하는 권리를 행사할 수 있어서 이것이 가능하지만, 우리나라야 어디 그런가. 법적으로 쉽지 않은 이혼 절차를 거쳐야만 남남이 될 권리를 겨우 확보하니까.

결혼제도가 굳건하긴 하지만, 그래도 어느 정도의 경각심은 줄 필요가 있다. 내가 잘못하면 이 사람이 떠날 수도 있겠다는 생각이 들게 하자는 것이다. 그러려면 어떻게 해야 할까?

우선, 경제적으로 가계에 보탬이 돼야 한다. 아내나 남편 중 한 명이 돈을 벌지 않는다면, 의존하는 쪽은 아무리 상대가 마음에 안 들어도 참고 살 수밖에 없다. 왠지 가정 바깥이 황량한 사막으로 느껴져서 떠나지 못하기 때문이다. 둘째, 자기 나름의 행복을 찾아야 한다. 자기가 행복해야 더 매력 있게 보이고, 또 상대방에게 그 행복을 나눠줄 수 있다. 안나가 "추한 모습으로 변"한 이유도 스스로 행복을 찾지 못했기 때문이다. 셋째, 같이 있는 순간에는 서로에게 최선을 다해야 한다. 요즘 부부들, 같이 있는 동안에도 스마트폰에 빠져 있던데, 그러면 사랑이 도망가버린다. 스마트폰은 행복을 가져다주기는커녕, 결혼 생활을 황폐하게 만드는 주범이다.

하루에 잠깐이라도 진솔한 대화를 하려고 노력해보자. 안나와 브론스키에게도 다시 좋아질 기회가 있었지만, 마음에 있는 얘기를 서로 하지 않았기에 관계가 좋아질 기회를 놓친 것이다. 이것이 내가 느낀 《안나 카레니나》가 주는 교훈이다. 여러분의 사랑과 결혼을 응원한다.

콘스탄틴 아폴로노비치 사비츠키
수도사(A monk)
1897

06

살인의 역사

《죄와 벌》

표도르 도스토옙스키 _ Fyodor Dostoevskii

📖 재미로 따지면 상위 10퍼센트

《죄와 벌》은 다른 고전들에 비교해 상대적으로 쉬웠다. 난해한 상징 같은 게 등장하지 않고, 《파우스트》처럼 뜬금없이 축제가 벌어지지도 않는다. 살인을 저지른 주인공의 행적에만 집중하면 되니, 두꺼워 보이던 책도 금방 읽을 수 있었다. 저자의 의도가 무엇인지는 생각하지 말자. 읽은 이가 1퍼센트도 안 될 도스토옙스키의 명저를 읽었다는 것만으로도 칭찬받아 마땅하니 말이다.

인터넷 서점에서 블로그 활동을 열심히 하던 시절, '라스콜니코프'라는 닉네임을 쓰는 사람이 있었다. 나보다 활동 지수가 높았기에 그 이름이 눈에 자주 밟혔고, 그러다 보니 닉네임의 정체가 궁금해졌다. 그건 바로 《죄와 벌》의 주인공 이름이었다. 책을 안 읽어도 주인공 이름을 아는 게 중요한 이유는 이것만으로도 그 책을 읽은 척할 수 있기 때문이다. 다른 이들과 이야기하다가 '넌 왜 이렇게 라스콜니코프스럽냐?'라는 말을 건넸을 때, 《죄와 벌》을 읽은 이가 내게 '너도 읽었구나'라는, 반가움에 가득 찬 시선을 던지곤 했으니 말이다.

그런데 이 책을 읽다 다음과 같은 사실을 알게 됐는데, 당시 인터넷 서점에서 활동하던 또 다른 사람의 닉네임인 '라주미힌'이 《죄와 벌》에 나오는, 라스콜니코프의 절친 이름이었다. 생각해보니 책을 읽은 티를 내려면 주인공보다 라주미힌이 훨씬 더 좋은 수단이었다. 주인공 이름이야 어찌어찌 알 수 있지만, 조연이야 어디 그런가. 혹시 《죄와 벌》로 읽은 티를 내고 싶은 사람은 '라주미힌'이란 이름을 기억하길 권한다.

《죄와 벌》이 워낙 유명한 책이다 보니, 이 책의 줄거리가 주인공이 전당포 할머니를 죽이고 돈을 빼앗은 이야기라는 정도는 한 번쯤 들어봤을 것이다. 지금은 거의 사라졌지만, 과거에는 물건을 담보로 잡고 돈을 빌려주는 전당포라는 곳이 있었다. 대학 때 친구들과 술을 마시다 술값이 모자라 친구 시계를 잡히고 돈을 빌린 기억이 아직도 나는데, 지금 생각해보면 전당포 주인은 범죄의 대상이 될 수밖에 없었을 것 같다. 은행만큼은 아니지만 전당포에도 기본적으로 돈이 좀 있고, 은행보다 훨씬 경비가 취약했지 않은가?

기사를 찾아보니 2005년 영광에서 전당포를 하던 부부가 살해된 바 있고, 2004년에도 석촌동 전당포에서 물건을 훔치다 전당포 주인과 그 목격자를 살해한 사건이 있었다. 영화 〈아저씨〉처럼 국정원 특수 요원이었던 원빈 같은 이가 전당포를 지켜준다면 얘기가 다르겠지만, 주인이 나이 든 노파라면, 가난의 심연에서 허우적대는 이가 한 번쯤은 전당포를 터는 상상을 할 수도 있겠다. 이렇게 《죄와 벌》은 시작부터 독자의 흥미를 잡아끈다.

🔖 라스콜니코프에게 동정이 안 가는 이유 (1)

누더기를 걸치고 전당포를 가는 첫 장면에서 짐작할 수 있듯, 라스콜니코프가 전당포 노파를 죽인 것은 그에게 돈이 없었기 때문이었다. 그가 저당 잡힌 은시계의 가치는 1루블 50코페이카. 1루블이 18원이고, 100코페이카가 1루블이니 우리 돈으로 환산하면 27원쯤 되겠다. 여기서 노파는, 벼룩의 간을 뗀다고, 35코페이카를 이자로 제하고 1루블 15코페이카만 내준다. 라스콜니코프가 젊은 휴학생임을 고려하면 너무 야박한 게 아닌가 하는 생각이 든다. 하지만 조금 더 읽어보면 이런 동정심이 절로 사라지게 되는데, 이유는 다음과 같다.

첫째, 라스콜니코프는 방세가 밀려서 하숙집 주인으로부터 경찰에 고발될 처지인 데다, 돈이 없다 보니 밥도 제대로 먹지 못한다. 그를 딱하게 여기는 하숙집 하녀가 가끔씩 먹을 것을 챙겨줘서 굶어 죽는 일만은 면하고 있지만, 상황이 많이 안 좋은 건 분명하다. 그런데도 그는 아무 일도 안 한 채 방 안에서 뒹굴기만 한다. 하녀는 그에게 '배울 만큼 배운 이가 왜 그러고 사냐?'고 묻지만, 그는 어쭙잖은 변명으로 얼버무린다.

하녀 전에는 애들을 가르치러 다닌다고 하더니만 지금은 왜 아무것도 하지 않는 거야?

라스콜니코프 하는 게 있어….

하녀 뭘 하는데?

라스콜니코프 일을 하지.

하녀 무슨 일?

라스콜니코프 생각하는 일.

하녀에게 비웃음을 당하면서도 일할 생각이 없는 라스콜니코프. 친구인 라주미힌은 자신에게 들어온 번역 일을 나눠주겠다고 제안하지만, 그는 그럴 마음도 없다. 자기 여동생은 오빠 학비를 대겠다며 남의 집 가정교사로 들어가 온갖 수모를 당하는데, 오빠는 학교를 때려치우고 하숙집 방에서 뒹굴기만 하다니, 내게 어찌 동정심이 생기겠는가?

🕮 라스콜니코프에게 동정이 안 가는 이유 (2)

두 번째 이유, 라스콜니코프는 허세꾼이다. 돈이 없는 이에게 약간이라도 돈이 생긴다면, 그 돈은 먹거나 옷을 사는 등 자신을 추스르는 일에 쓰이는 게 맞다. 소위 '욕구 5단계 이론'을 주창한 그 유명한 매슬로(Abraham Maslow)도 가장 근원적인 욕망이 생리적인 욕구라고 하지 않았는가? 하지만 하녀에게 빵을 구걸할 정도로 굶주림에 시달리고, 외출할 때는 누더기를 걸치는 라스콜니코프가 전당포에서 받은 1루블 15코페이카를 어디다 사용했는지 본다면, 더 이상 그를 동정하진 못할 것이다. 돈을 받자마자 그가 달려간 곳은 바로 술집이었다! 그는 맥주 한 잔만 마시면 "머리도 튼튼해지고 생각도 또렷해지고 계획도 확고해진다"라는 궤변으로 자신을 합리화한다. 그래, 그럴 수 있다고 치자.

문제는 그다음이다. 술집에서 라스콜니코프는 경제적으로 궁핍한 남성을 만나는데, 그 남성은 정말 '막장'이라 불릴 만했다. 알코올 중독인 그는 부인의 가방에 있는 현금을 몽땅 털어 술을 마셨고, 심지어 자기 딸이 몸을 팔아 번 돈을 얻어 또 술을 마시러 온 터였다. 라스콜니코프는, 돈이 없기는 자신도 크게 다르지 않으면서, 이 막장 남자를 도와야겠다고 생각하고, 그를 집에 데려다주면서 다음과 같은 행동을 한다. "…선술집에서 쓰고 남은, 1루블의 거스름돈을 최대한 긁어모아 사람들 눈에 띄지 않게 창턱에 얹었다." 그러면서 그는 '그 부인에게도 화장품이 필요할 테니까'라고 스스로를 합리화하며 혼자 웃는다.

이게 끝이 아닌지라, 그의 허세는 이 책 곳곳에서 등장해 나를 어이없게 만든다. 예를 들어, 공원에서 술에 취한 여자아이를 만났을 때 라스콜니코프는 주머니에서 20코페이카를 꺼내 집에 갈 마차를 부르라고 한다. 액수가 얼마 안 되니 이 허세는 눈감아준다고 해도, 다음 일은 도저히 참지 못하겠다.

그의 여동생 두냐가 돈 때문에 나이 많은 귀족과 결혼을 결심한다. 그로 인해 조금 여유가 생기자 어머니는 라스콜니코프에게 35루블을 송금하는데, 그 돈을 대신 수령한 라주미힌은 옷과 모자 등을 사는 데 10루블을 쓴 뒤 남은 25루블을 라스콜니코프에게 준다. 동생의 인생을 저당잡다시피 해 얻은 이 피 같은 돈을 라스콜니코프는 그때 술집에서 만났던 막장 남성의 부인에게 준다. "고인이 된 친구에게 제 본분을 다 하는 차원에서 (…) 20루블쯤 되는 것 같은데요, 이것이 도움이 될 수 있다면…"

이쯤 되면 완전히 미친 게 아닌가 싶다. 물론 이 시점이 노파를 살해한 뒤이긴 해도, 이 돈이 어떻게 마련됐는지를 생각한다면 이럴 수는 없는 거다. 뜻밖의 거액을 받은 막장 남성의 부인은, 아이들은 굶고 있는 판에, 사람들을 잔뜩 불러 성대한 장례식을 치른다. 가난한 이가 어쩌다 생긴 돈으로 술을 마시거나 도박을 한다면, 그런 사람을 도와주고픈 마음이 들지 않을 것이다. 그런데 라스콜니코프는 허세를 부려서 돈을 마구 쓰니, 동정은커녕 분노가 치민다.

🔖 내가 경험했던 허세 (1)

사실 '허세'에 있어서는 나도 그리 떳떳하지 않다. 다른 이들과 식사를 하거나 술을 마실 때면 내가 계산하는 경우가 많다. 심지어 화장실에 가는 척하면서 계산을 하기도 한다. 이유는? 그들에게 좋은 사람으로 보이고 싶어서다. 아마도 어릴 적 친구가 없어 외로웠던 기억이 날 그렇게 만든 것 같은데, 이러다 보니 무리를 할 때도 있다. 모임에 나보다 어른이 계시고, 정황상 그가 내는 게 맞는다면, 내가 계산하는 건 결례가 될 수 있다. 하지만 난 이런 때조차 몰래 돈을 냄으로써 상대를 황당하게 만든 적이 여러 번 있다. 그렇다고 내가 재벌급 부자도 아니고, 매달 카드 결제일을 걱정하는 평범한 직장인이니, 이것 역시 허세다. 지금의 아내와 결혼할 때 "도대체 직장 생활을 몇 년을 했는데 모아놓은 돈이 하나도 없느냐?"는 핀잔을 받은 것도 다 이 탓이다.

군대에 가던 때 내가 벌인 일은 허세의 하이라이트다. 많은 이로부터 사랑받는 사람인 걸 보이고 싶었던 난 이십여 차례의 '서민 환송회'를 계획했다. 원래 떠나보내는 사람이 아쉬워서 자리를 만들어야 하건만, 당시의 난 이런 식이었다.

나 (전화를 건다) 야! 나 이제 곧 군대 가는데, 환송회 안 해줄 거야?

A 아, 너 군대 가니? 미안해. 내가 몰랐어. 언제 날 잡아서 보자.

이렇게 억지로 만든 환송회니, 계산은 내가 주로 했다. 당시에는 지금처럼 카드 문화가 활성화되지 않아 현금으로 결제했는데, 조교 월급이 그리 많지 않은 데다 모아놓은 돈도 별로 없었기에 잔고가 금방 바닥이 났다. 그때부터 고민이 시작됐다. 잡아놓은 환송회가 줄지어 있는데 돈이 없다니, 어떻게 한담?

한참을 고민하던 끝에 '벼룩시장'이라는, 당시 유행하던 생활정보지에서 돈을 빌려주는 곳을 뒤졌고, 그 중 한 곳에 전화를 했다. 그다음 날, 난 사채업자의 사무실에 앉아 있었다. "월급명세서는 가져오셨나요?" 준비해온 명세서를 제출하자, 그는 내가 해당 직장에 다니는지 확인한다면서 전화를 직접 걸어보기도 했다. 심사가 진행되는 동안 사채업자의 사무실로 전화가 한 통 왔다. "돈이 필요하다고요? 얼마요? 직업이… 아, 군인이시라고요. 죄송하지만 좀 어려울 것 같네요." 그 통화 내용을 들으면서 난 단번에 거절당하지 않아서 다행이라고 생각했다.

📖 내가 경험했던 허세 (2)

짧은 기다림 끝에, 그는 내게 돈을 빌려주겠다고 했다.

"150만 원을 원하셨지요? 30만 원은 선이자로 떼고 120만 원을 드리겠습니다. 이자가 월 8퍼센트니까 앞으로 원금을 갚을 때까지 매달 12만 원을 주셔야 하고요, 육 개월 빌리신다고 했죠? 그때까지 못 갚으면 원금의 두 배, 그러니까 300만 원을 주셔야 합니다."

잠시 뒤 담당자는 사무실 앞에 있는, 지금은 신한은행에

통합된 조흥은행으로 날 데려갔고, 120만 원을 내 계좌로 이체했다. 그때 은행 직원이 나를 아는 체했다.

"혹시 기생충 하시는 분 아니세요?"

당시 〈사랑의 스튜디오〉라는 짝짓기 프로에 나갔었는데, 기생충스러운 발언으로 강한 인상을 남긴 탓에 가끔 나를 알아보는 이가 있었다. 평소 같으면 우쭐했겠지만, 사채업자에게 돈을 빌리는데 그런 일이 생기니 무지하게 당황스러웠다.

그 돈 덕분에 그 이후의 환송회에서 떳떳할 수 있었고, 사 개월 뒤 퇴직금을 타서 돈을 갚았으니 유용하게 잘 쓴 셈이지만, 감당해야 할 출혈은 생각보다 컸다. 선이자 30만 원을 낸데 이어 사 개월 치 이자 48만 원을 냈으니까. 돈도 돈이지만, 아들이 사채업자에게 갔다는 사실을 어머니가 아셨다면, 얼마나 속상해하셨을까? 이는 내가 이십여 차례의 환송회라는 허세를 부리지 않았다면, 굳이 겪지 않아도 될 일이었으니 말이다.

라스콜니코프도 마찬가지다. 일을 안 하고 빈둥거리는 거야 그렇다 쳐도, 어머니와 여동생이 마련한 돈만 착실하게 관리했다면, 비록 쪼들릴지언정, 노파를 죽이는 일은 없었을 것이다. 하지만 그는 허세를 부리느라 있는 돈을 다 써버렸고, 결국 궁지에 몰린다.

🔖 라스콜니코프는 나쁜 놈이다

위기의 순간에 봉착했을 때, 모두가 라스콜니코프 같은 선택을 하는 것은 아니다. 돈이 궁해지면 대부분의 사람은 돈을 얻기 위해 무슨 일이라도 하려고 한다. 라스콜니코프는 그러지 않았다. 또한 지인들에게 돈을 빌리려고 하지도 않았다. 물론 여기에는 이해되는 구석이 있다. 돈을 빌려봤자 갚을 길이 없다면, 또는 이미 돈을 빌렸다 갚지 않은 적이 있다면, 또 빌려 달라 청하긴 민망할 수 있을 것이다. 게다가 라스콜니코프는 매우 내성적이고, 친구 관계도 매우 제한적인 사람이었다. 여기에 더해 그는 허세로 가득 찬 인간이다. 이런 사람은 다른 이에게 돈을 빌려 달라고 말하지 않는다. 그것만큼 모양 빠지는 일이 없기 때문이다. 내가 어머니나 지인들에게 부탁하는 대신, 사채업자를 만난 것도 비슷한 맥락에서 해석될 수 있다.

그렇다고 해서 사람을 죽이는 게 용납될 수는 없다. 선량한 사람들은 최악의 상황에 몰려도 스스로를 죽일 뿐, 남을 죽이진 않는다. 2014년 발생한 송파 세 모녀 사건을 보자. 송파구 석촌동에 살던 세 모녀는 돈이 없었다. 큰딸이 지병을 앓고 있었는데 어머니가 실직을 하자 생활고에 시달릴 수밖에 없었다. 이들은 나름대로 돈을 마련하기 위해 노력했지만, 실낱같은 희망을 품고 관공서에 신청한 복지 지원이 거절당하자 희망의 끈을 놓아버린다. 결국 그들은 번개탄을 피우고 저세상으로 간다. 죽기 석 달 전, 어머니가 쓴 가계부를 보면 눈물이 난다.

- **11월 20일:** 우유(700), 쑥갓(930), 콜라(1,800), 호빵(4,000), 상추(1,850), 깻잎(500)
- **11월 22일:** 왕뚜껑(2,040), 소세지(1,000), 후랑크(1,000)
- **11월 23일:** 우유(2,140), 소주(4,400), 참치(1,880), 요구르트(990)

라스콜니코프와 달리 그들은 이런 생활을 하면서도 집세와 공과금을 밀리지 않으려 애썼고, 죽는 순간에도 전 재산인 현금 70만 원을 집세와 공과금으로 남겨두었다. 죽을 때 어머니가 남긴 '정말 죄송합니다'라는 메모는 생각할수록 가슴이 아프다. 우리 사회가 그들에게 미안해해야 하는데, 왜 그들이 미안해하는 것일까?

세 모녀가 그랬던 것처럼, 라스콜니코프도 죽어야 한다는 말은 아니다. 그러나 사람을 죽이는 것은 보통 사람은 하지 못할 최악의 선택이다. 그냥 돈만 훔치는, 상대적으로 건전한 (?) 방법도 있었을 텐데, 라스콜니코프는 애당초 살인을 할 목적으로 망치를 가져갔다. 살인 계획을 세우는 것과 실제 행동으로 옮기는 것은 어마어마한 차이가 있는데, 그는 시종일관 자신의 계획에 충실했다. 게다가 노파를 죽이고 나서 그 광경을 지켜본 목격자까지 죽인 것은, 그가 천하의 나쁜 놈이라는 명백한 증거다. 게으른 데다 허세만 찬 살인마, 그게 바로 라스콜니코프다. 그가 자신의 범행을 떠벌리다시피 한 것도 이런 측면에서 보면 이해가 간다.

🔖 용서받는 라스콜니코프

이렇듯 죄질이 나빴던 그에게 내려진 형벌은 겨우 8년형이었다. 도대체 이유가 뭘까? 그가 자수했고, 또 자신을 변명하려 들지 않았다는 사실도 참작이 됐지만, 가장 큰 이유는 바로 '심신미약'이었다. 오랜 기간 우울증을 앓아온 것이 도움이 된 것이다. "라스콜니코프가 보통 살인범이나 강도, 절도범과는 별로 닮지 않았다는, 여기에는 뭔가 다른 것이 있다는 결론을 내리는 데 제법 일조했다."

심신미약 하면 많은 사람이 조두순을 떠올린다. 나영이 사건의 범인인 그는 술에 취해 기억이 잘 나지 않는 상태에서 범행을 저질렀다면서 심신미약을 주장했고, 실제로 감형이 됐다. 그 뒤 많은 범죄자가 범행 후 심신미약을 주장하게 되는데, 몇 명만 살펴보면 이렇다.

- **2016년 강남역 화장실 살인사건:** 여성을 죽인 범인이 조현병을 앓고 있다며 심신미약에 해당된다고 주장.
- **2018년 강서구 PC방 살인사건:** 범인이 십 년간 우울증을 앓고 있다고 주장.
- **2019년 진주아파트 방화사건:** 불을 지른 뒤 대피하는 주민들을 칼로 찌른 사건으로, 주범 안인득의 변호사는 심신미약을 주장.

국민 여론이 심신미약에 민감해져 이들의 주장이 다 받아들여지지는 않았지만, 실제로 감형되는 경우가 많다 보니 범죄를 저지르기 전에 우울증 진단을 받거나 술을 마시면 된다는 말이 유행하기도 했다. 국민들을 분노하게 만드는 이 심신미약의 원조가 바로 라스콜니코프였다니, 고전 읽기에는 이런 심각한 악영향도 있다.

8년형으로 감형된 라스콜니코프는 수감 전부터 집적거렸던 소냐와 사귀게 된 덕분에 편한 감옥 생활을 하고, 복음서와 더불어 새로 태어난다, 라고 소설은 묘사하고 있다. "한 인간이 점차 새로워지는 이야기이자 점차 다시 태어나는 이야기 (…) 이것은 새로운 얘기의 주제가 될 수 있겠지만 우리의 지금 얘기는 끝났다." 이렇듯 도스토옙스키는 주인공의 갱생을 믿는다.

그러나 그를 스무 시간 이상 지켜본 내 의견은 다르다. 나이 스물셋에 두 명의 여성을 죽이고, 게으름을 심신미약으로 포장해 2급 살인죄로 감형된 라스콜니코프는 추가 감형이 없다 해도 서른하나에 교도소를 나오게 된다. 그는 이전에 살인을 정당화하는 논문을 쓴 바도 있다. 뉴턴의 발견에 어떤 인간이 방해가 된다면, 뉴턴은 자신의 발견을 인류에게 알리기 위해 열 명 또는 백 명을 제거할 권리가 있고, 그건 심지어 의무이기도 하다는 내용이다. "인류의 은인과 제정자들 대부분이 유달리 소름 끼치는 살인마였다는 사실은 실로 주목할 만하죠."

라스콜니코프는 스스로 뉴턴급의 위대한 인물이라 생각하고 있으며, 전당포 노파를 죽인 것도 더 큰 업적을 쌓기 위한 행동이라 주장한다. 법정에서와 달리 그가 수감 생활 동안 자신이 자수한 것을 후회했던 것도 이 때문이다. 이런 이를 심신미약으로 풀어준다고? 주인공이 갱생할 것이라는 도스토옙스키의 낙관과 달리, 현실의 그가 펼칠 새로운 이야기는 31세 남성의 연쇄살인극이리라. 많이 배운 이답게 치밀한 계획하에 실행되는, 그래서 범인이 누군지 짐작도 못 하는 연쇄살인극 말이다.

빌헬름 함메르쇠이
노부인(An old Woman)
1886

인간은 늙고 죽어간다

《백년의 고독》

가브리엘 가르시아 마르케스 _ Gabriel Garcia Marquez

🍂 콜롬비아의 첫 번째 노벨상

"노벨상을 한두 번 타본 나라는 대부분 노벨문학상과 노벨평화상을 탔더라고요. 왜 그런지 아세요?"

과학 강연을 할 때마다 내가 던지는 질문이다. 답을 60줄 아래 공개한다면 화낼 사람이 있을까 봐 바로 말씀드린다. 그 두 분야에는 국가의 역량이 별로 중요하게 작용하지 않아서다.

예를 들어보자. 치사율이 70퍼센트 가까이 되는, 하지만 아직 치료제가 없는 에볼라바이러스. 누군가 에볼라바이러스에 대한 백신을 만든다면 그 사람은 노벨상을 받을 수 있을 것이다. 그런데 백신을 만들려면 바이러스 배양 시설과 유전자 조작 장비들이 필요하다. 당장 먹고살기 바쁜 나라에서 이런 게 가능할까? 제아무리 아인슈타인이라 한들, 이런 상황에서 할 수 있는 건 없다. 그래서 노벨과학상은 그동안 유럽과 미국, 일본 등 좀 사는 나라들이 가져갔다.

이와는 대척점에 있는 게 바로 노벨평화상으로 국가 수준이 낮거나 그런 나라와 인접한 경우 받기가 용이하다. 최연소 노벨상 수상자인 말랄라 유사프자이(Malala Yousafzai)는 열일곱의 나이에 평화상을 받았는데, 이는 그녀의 조국인 파키스

탄이 여성의 교육 기회를 원천 봉쇄하고 있어서였다. 2010년 류사오보(劉曉波)가 평화상을 수상한 것도 그가 인권 탄압이 상시로 이루어지는 중국에서 태어나서다. 그가 프랑스인이었다면 십 년 가까운 시간 동안 감옥 생활을 하지도 않았을 테고, 그렇게 안타까운 죽음을 맞이하지도 않았으리라. 김대중 대통령이 노벨평화상을 받은 것은 의미 있는 일이지만, 이건 우리가 분단국이고, 옆에 핵무장을 외치는 북한이 있기에 가능했지 않은가? 콜롬비아의 후안 마누엘 산토스(Juan Manuel Santos) 대통령도 마찬가지 경우다. 콜롬비아는 오랜 기간 내전으로 신음하고 있는 나라였다. 산토스 대통령은 내전을 종식하기 위한 노력을 아끼지 않았고, 그 결과 2016년 노벨평화상을 받을 수 있었다.

콜롬비아가 우리와 다른 게 있다면, 노벨상이 하나 더 있고, 그게 평화상이 아니라는 점이다. 노벨평화상이 조금은 쑥스러운 상이라면, 노벨문학상은 국가 수준과 관계없이 개인의 역량에 따라 얼마든지 탈 수 있는 상이다. 물론 프랑스, 미국, 영국, 독일 등등 잘사는 나라들이 노벨문학상도 대부분 가져가긴 했지만, 어려운 나라 출신의 수상자도 제법 있다. 과테말라, 벨라루스, 트리니다드 토바고 같은 나라들이 그 대표적인 예다. 콜롬비아도 1982년 가브리엘 가르시아 마르케스(Gabriel Garcia Marquez)가 노벨문학상을 탐으로써 이 대열에 합류했다. 그에게 노벨문학상을 선사한 작품은 《백년의 고독》으로, 한 가문이 만들어졌다가 쇠락하기까지 백여 년 동안 벌어진 일을 다루고 있다. 네이버 캐스트에 따르면, 이 소설은 마르케스 외할아버지의 영향을 받았다고 한다. 이 책의 중심인물인 아우렐리아노 세군도는 대령으로 등장하는데, 마르케스의 외할아버지 역시 퇴역 대령이었다. "외할아버지와 외가 사람들에게서 들은 많은 이야기가 근간이 되었다"고 그는 설명한다.

우리나라는 오매불망 노벨문학상을 기다렸다. 문학상 수상자가 발표되는 날이면 기자들은 혹시나 하는 마음으로 시인 고은의 집에서 죽치고 있다가, 발표 뒤 쓸쓸히 흩어지곤 했다. 마르케스의 노벨상을 떠올리면 이런 말도 할 수 있을 것 같다. "아니 우리나라 외할아버지들은 도대체 뭘 하는 거야? 용돈만 주지 말고 옛날얘기나 좀 해주지."

📖 이 책에 같은 이름이 여러 번 등장하는 이유

그러나 막상 책을 읽다 보면 외할아버지의 마음도 이해할 수 있는데, 그 얘긴 나중에 하고 이 책의 난관에 대해 먼저 이야기해보겠다. 내가 이 책을 읽지 않았던 건 예전에 한 지인이 '완독하기 어려운 책'이라고 했기 때문인데, 막상 읽어보니 《백년의 고독》은 고전 중에서는 비교적 재미도 있고, 책장도 술술 넘어가는 편이었다. 물론 저자가 이 책을 통해 말하려는 의도를 완벽히 이해하진 못했지만, 읽어 내려가는 데는 큰 문제가 없었다.

딱 하나 걸림돌은 주인공들의 이름이었다. 백 년간 이어졌던 가문의 이야기니만큼 숱하게 많은 인물이 등장하는데, 그 이름이 너무 헷갈렸다. 왜 그런지 자세히 살펴보자. 먼저 가문의 설립자인 호세 아르카디오 부엔디아는 우르술라와 결혼해 두 아들과 딸 하나를 두었다. 첫째 아들은, 세상에, 호세 아르카디오 부엔디아다. 둘째 아들은 아우렐리아노 부엔디아, 딸은 아마란타 부엔디아로, 이 이름들도 당대에만 그치지 않는다.

물론 외국에서는 자기 이름을 그대로 아들에게 붙이는 경우가 꽤 있다. 미국에는 조지 케네스 켄 그리피(George Kenneth 'Ken' Griffey), 줄여서 켄 그리피(Ken Griffey)라는 야구 선수가 있었다. 꽤 잘했던 선수인데, 그는 자신이 열아홉 살 때 낳은 아들에게 똑같은 이름을 붙였다. 그래도 아버지와는 구별해야 하니, 아들은 켄 그리피 주니어가 됐다.

젊을 때야 괜찮지만 쉰 살이 넘은 지금도 여전히 '주니어'로 불리는 건 옳은 것일까? 나 같으면 아버지한테 "이게 뭡니까?"라고 따질 만도 하지만, 이들 나라에서 아버지가 자기 이름을 물려준다는 것은 그만큼 사랑하고, 가업을 잇길 바란다는 뜻이라나. 그 기대에 부응하듯 주니어는 아버지보다 훨씬 더 야구를 잘해서 홈런을 무려 630개나 치는 등 미국을 대표하는 강타자로 활약했고, 은퇴 뒤에 명예의 전당에도 들어갔다. 그리고 주니어는 자신이 낳은 아들에게도 같은 이름을 붙였으니, 그가 '켄 그리피 3세'다. 아쉽게도 손자는 가업을 잇지 않고 미식축구를 하고 있다.

이들 말고도 아버지가 자식에게 자기 이름을 붙이는 경우는 제법 되니, 아르카디오 가문이 그런다고 해서 나쁠 거야 없다. 문제는 미국처럼 시니어, 주니어, 3세 이렇게 구분을 하면 좋을 텐데, 그게 아니라는 점이다. 아르카디오와 아우렐리아노 이 두 개가 그 자손들에게서 무한 반복된다. 큰아들인 호세 아르카디오가 낳은 아들은 그냥 아르카디오고, 그가 낳은 아들 둘의 이름은 호세 아르카디오 세군도와 아우렐리아노 세군도다. 전자는 다행히(?) 자식이 없었지만, 둘째인 아우렐리아노 세군도가 낳은 아들은 또 호세 아르카디오다. 이런 일이 반복되다 보니 이 아르카디오가 도대체 어떤 아르카디오인지 혼란스러웠고, 수시로 책 맨 앞에 있는 '부엔디아 집안의 가계도'를 들춰볼 수밖에 없었다. 아들만큼은 아닐지라도 딸 역시 여기서 크게 벗어나지 않는데, 5대째 생긴 딸의 이름은 개척자의 부인과 그 딸의 이름을 조합한 '아마란타 우르술라'다.

🔖 백년의 고독과 이름 효과론

이름에 대한 이들의 집착은 거의 종교적이기까지 하다. 개척자의 손자인 아르카디오 – 그냥 아르카디오다 – 는 반란군에 가담했다 붙잡혀 사형을 당하게 됐다. 집행관이 그에게 마지막 소원을 물었을 때 그는 이렇게 대답했다. "딸 이름을 우르술라라고 지으라고 내 아내에게 전해주시오. 우르술라, 할머니 이름이오." 또한 태어나는 아이가 아들일 경우를 대비해, 호세 아르카디오라는 이름도 남기되, 백부의 이름이 아닌 할아버지의 이름으로 하라는 당부까지도 잊지 않았다.

왜들 이러는 걸까? 도노반, 에디슨, 헤수스 등등 잠시만 생각해도 지을 이름이 많을 텐데, 왜 할머니, 할아버지의 이름을 쓰겠다고 했을까? 이런 내 불만이 반영됐는지 사형 집행을 하기 직전 아르카디오는 자신의 말을 후회한다. "이런 제기랄! 딸을 낳게 되면 이름을 레메디오스라고 지으라고 할걸 그랬군." 그런데 극적으로 사형 집행이 중단되는 바람에 그는 딸의 이름을 레메디오스라 지었다. 위에서 언급한 것처럼 아들 둘의 이름은 '호세 아르카디오 세군도'와 '아우렐리아노 세군도'가 됐지만 말이다.

한때 우르술라는 '앞으로 그 누구에게도 아우렐리아노나 호세 아르카디오라는 이름은 붙여주지 않겠다고 결심'한 적이 있다. 이는 나중에 소개하겠지만 쌍둥이인 호세 아르카디오 세군도와 아우렐리아노 세군도가 거의 망나니급으로 성장했기 때문인데, 다른 건 몰라도 이름에 있어서만큼은 그녀의 뜻이 관철되지 않았다. 아우렐리아노 세군도가 첫아이를 낳았을 때, 아우렐리아노 세군도는 생각했다. 아이가 힘없이 울기만 하는 등 부엔디아 집안의 특성을 전혀 지니고 있지 못했지만, 이 아이의 이름만큼은 '호세 아르카디오'라고 지어야만 한다고.

이쯤 되면 종교라 해도 무방하지 않을까? 정말 웃긴 일은 같은 이름을 반복해서 쓰다 보니, 이제는 이름들을 가지고 통계를 낼 지경이라는 점이다. 우르술라의 통찰에 따르면, '가문의 긴 역사를 통해 똑같은 이름들을 집요하게 되풀이해 씀으로써 확실해 보이는 결론을 얻게 되었던 것이다'. 무슨 결론일까? 아우렐리아노라는 이름을 가진 아이들은 내성적이었지만 머리가 뛰어난 반면에, 호세 아르카디오라는 이름을 가진 아이들은 충동적이며 담이 컸으나 어떤 비극적인 운세를 지니고 있었다.

실제로 이름을 어떻게 짓느냐는 사람의 운명에 제법 영향을 미친다고 한다. 이걸 '이름 효과'(Name-letter effect)라 부르는데, 조지프 시몬스(Joseph P. Simmons) 예일대 심리학과 교수와 레프 넬슨(Leif D. Nelson) 캘리포니아주립대 샌디에고 캠퍼스(UCSD) 심리학과 조교수의 연구에 따르면, 톰(Tom)이란 이름을 가진 사람은 이름과 비슷한 토요타(Toyota) 차를 구매하고 토론토(Toronto)에 살 가능성이 높으며, 데니스(Dennis)나 데나(Denna)라는 이름을 가진 사람은 치과의사(Dentist)가 될 확률이 높다고 한다. 또한 이름이 A로 시작하면 A학점을 맞을 확률이 높고, C나 D로 시작하면 학점이 안 좋을 확률이 높다고 한다.[4] 이런 연구가 정말 있나 싶겠지만, 〈사이콜로지컬 사이언스(Psychological Science)〉라는 괜찮은 학술지에 실린 내용이다.[5] 이제 알겠다. 내가 뭘 입어도 없어 보이는 것도 따지고 보면 이름이 서민이라 그런 것이다!

📖 해도 너무 한다 (1)

이제 왜 우리나라에서 《백년의 고독》 같은 책이 나오지 않았는지 이야기해보자. 아무것도 없던 곳에 한 무리의 사람들이 몰려와 마을을 세운다. 그곳이 번창하기 위해 뭐가 필요할까? 식량이 가장 중요하겠지만, 그다음으로 중요한 것은 인구수다. 사람이 한 명일 때는 할 수 있는 게 없지만, 백 명이 된다면 도로도 깔고 가게도 열 수 있지 않겠는가.

《백년의 고독》의 배경이 되는 마콘도는 호세 아르카디오 부엔디아가 사람들을 데려와 만든 곳으로, "진흙과 갈대로 지은 집 스무 채가 들어서 있던 마을이었다". 이 마을이 사람들이 넘치는 곳으로 바뀌려면 인구가 늘어야 하며, 인구가 늘기 위해서는 속된 말로 '해야 한다'. 전문용어로 섹스라고도 하는데, 《백년의 고독》의 역사는 사실상 아르카디오 가문의 남성들이 '하는' 역사다. 근데 그게 너무 지나쳐 눈살을 찌푸리게 할 정도다. 심지어 근친상간도 여러 번 등장하는데, 이 글의 제목을 '해도 너무 한다'라고 한 것도 바로 그 점을 지적한 것이다. 그러니 우리나라에서 이런 책이 나오지 않는 것도 이해는 간다. 아무리 개방적인 외할아버지라 할지라도 "애야, 사실 너희 큰아버지가 누구누구랑 어쩌고저쩌고" 같은 이야기를 손자한테 해주진 않았을 테니 말이다.

그래도 창업주인 호세 아르카디오 부엔디아는 아주 정상적이었다. 100세 이상 살았던, 실질적으로 이 가문의 주춧돌 역할을 했던 우르술라가 버티고 있었기 때문이든, 아니면 그가 과학 실험에 큰 관심을 가졌기 때문이든, 그는 최소한 성적으로는 별다른 일탈을 하지 않았다.

문제는 그의 두 아들들, 그 중에서도 남근이 유난히 컸던 호세 아르카디오로부터 시작되었다. 사춘기에 접어들었을 때, 그는 자기 집 일을 도와주러 오던, 그보다 훨씬 연상인 '필라르'라는 여인을 본다. 책에는 그녀가 '입이 거칠고 색기가 흐르는'이라고 표현하고 있는데, 사춘기 때의 나 자신을 떠올려보면 그에게 그녀가 어떤 존재로 다가왔을지 상상은 간다. 게다가 그녀는 그의 남근을 만지면서 "정말 끝내주네"라고 했으니, 그가 '그녀에 대한 욕망에 안달이 나서 밤새 몸부림을 쳤'던 것도 당연하다. 결국 둘은, 한다. 남자들 중 상당수가 그렇듯, 형은 자신의 무용담을 동생에게 자랑한다.

동생 기분이 어땠어?
형 마치 지진이 일어나는 것 같아.

섹스의 결과물로 둘 사이에 아이가 생기는데, 그가 바로 그냥 '아르카디오'다. 임신을 했다면 둘의 관계를 진지하게 생각해보는 게 인간의 도리이건만, 호세 아르카디오는 그럴 마음이 없었다. 애가 생기고 난 뒤 필라르를 슬슬 피하더니, 웬 집시 여인에게 반해 야반도주하고 만다. 훗날 돌아온 호세 아르카디오는 필라르 대신 레베카라는 여인과 결혼하니, 이 정도면 욕을 먹어도 싸다.

다음으로 동생인 아우렐리아노 부엔디아. 그는 마을을 다스리라고 정부에서 파견한 관리의 딸 레메디오스에게 첫눈에 반한다. 그녀가 아홉 살밖에 안 됐지만, 그래, 반할 수 있다고 치자. 그는 레메디오스 생각에 일상생활을 하지 못했는데, 그럴 땐 그냥 본인에게 고백을 하든지, 아니면 아버지에게 찾아가 '딸과 사귀고 싶소'라고 말을 하면 될 일이다. 그러나 이 작자의 선택은 최악이었다. 레메디오스로 인해 생겨난 성욕을 해소하기 위해 형과 사귀던 필라르를 찾아간 것이다. "당신과 자려고 왔어요."

이건 아니지 않은가! 하지만 필라르는 아무것도 묻지 않은 채 그를 침대로 데려간다. 정사가 끝난 뒤 필라르는 그가 정말 좋아하는 사람이 레메디오스라는 걸 알자 중매를 자처하고, 결국 둘은 결혼한다. 필라르와의 사이에서 아우렐리아노 호세라는 이름을 가진 아들이 태어났는데도, 아우렐리아노 부엔디아는 그 일에 아무런 관심이 없었다.

이게 끝이 아니다. 아우렐리아노 부엔디아는 정부에 대해 반란을 일으킨다. 그 반란은 제법 커져서 그는 대령까지 된다. 자기 아들이 사형을 당할 뻔했던 바로 그 반란 말이다. 하지만 정부군의 진압으로 인해 그는 도피하는 신세가 됐고, 오래도록 마콘도를 떠나 있어야 했다. 그 결과물은, 열일곱 명의 다른 여자로부터 생겨난 '열일곱 명의 아우렐리아노'다. 이름을 모두 아우렐리아노로 지었다는 것도 너무 무성의하지만, 반란의 여파로 인해 거의 같은 날 죽고 만다는 것도 안타깝다.

📖 해도 너무 한다 (2)

여기까지만 해도 '해도 너무 한다'라는 제목에 동의할 것 같지만, 그 뒤에도 말도 안 되는 일들이 벌어진다. '그냥 아르카디오'는 자신이 누구로부터 태어났는지 모른 채 창업주 가문에서 자란다. 그러던 어느 날 아르카디오는 필라르에게 음심이 생겨 그녀에게 덤벼든다. 그녀가 자기 어머니인데도 말이다! 이건 좀 심하다 싶어서 읽기가 두려워졌을 때, 다행히 필라르는 나중에 만나자고 한 뒤 그 자리에 다른 여자를 집어넣는다. 이 대목에서 휴, 하고 한숨을 돌렸는데, 그 뒤 아르카디오는 필라르 대신 나온 여자와 결혼하고 애 셋을 낳아 가문을 잇는다.

그러나 안심해서는 안 된다. 이 책은 정말 곳곳에 섹스의 지뢰가 설치돼 있는데, 아우렐리아노 부엔디아와 필라르 사이에서 태어난 아우렐리아노 호세도 그 지뢰의 하나다. 그는 아버지의 여동생인 아마란타, 즉 자기 고모에게 반해버린다. 다행히 아마란타는 그의 욕망을 물리치고, 그 역시 숱한 여자들을 돈으로 사면서 아마란타를 잊으려 노력한다. 하지만 그게 쉽지 않았던 모양이다. 얼마의 시간이 지난 뒤 아마란타 앞에 나타난 호세는 이렇게 말한다. "난 항상 고모를 생각했어요."

나도 초등학교 때 나보다 나이가 훨씬 많은, 고모 딸에게 반했던 적이 있지만, 저렇게 다 커서, 그것도 고모에게 욕정을 느끼는 건 좀 심하다. 아마란타는 계속 그를 달랜다. "난 네 고모란 말이야. 나이도 네 엄마뻘이고." 좌절한 호세를 반란군 동료가 위로한다. "고모하고 뿐만이 아니라 자기 어머니하고도 결혼할 수 있는 세상을 만들려고 우리가 이렇게 전쟁을 하고 있지 않은가."

아우렐리아노 부엔디아가 일으킨 반란이 자유를 위한 것이긴 해도, 이건 아니지 않은가! 그러나 그 말에 고무된 호세는 다시 아마란타에게 덤벼들고, 결국 뜻을 이루지는 못하지만, 이들의 넘치는 성욕은 우리의 상식을 비껴간다는 것을 알수 있다.

마지막으로 소개할 이는 아까 '망나니급'이라 했던 호세 아르카디오 세군도와 아우렐리아노 세군도다. 호세가 형이고 아우렐리아노가 동생인데, 둘은 쌍둥이라서 구별이 잘 가지 않았다. 어느 날, 길가에서 마주친 젊은 여성이 동생에게 다정하게 인사를 했다. 동생은 직감했다. '아, 이 사람이 나를 형과 혼동했구나.' 그 여성이 빚쟁이였다면 '난 동생이오'라고 했겠지만, 상대는 젊은 여성. 동생은 그 혼동을 즐기기로 한다.

결국 동생은 그녀의 침실에 가고, 당연히 한다. 그 뒤에도 동생은 그 혼동을 이용해 그녀와의 잠자리를 계속한다. 그 뒤에도 동생은 그 혼동을 이용해 그녀와의 잠자리를 계속한다. 형인 호세 아르카디오 세군도가 그날 밤엔 그녀를 만나러 가지 않는다는 게 확실해지면, 그는 냉큼 달려가 그녀와 잤다. 어떤가. 정말 한숨이 나오지 않는가?

📖 그럼에도, 이 책이 명작인 이유는?

다 읽고 난 뒤에도 난 이 책이 왜 고전의 반열에 올랐는지, 또 노벨상은 어떻게 받았는지 알지 못했다. 다만 2권에 나오는 다음 장면은 우리 현대사의 몇 장면을 떠오르게 한다. 기차역 앞에서 삼천 명의 민중이 학살당한다. 거기 있던 사람은 다 죽었지만, 유일하게 살아난 이가 바로 위에서 언급한 호세 아르카디오 세군도다. 극적으로 그 자리를 빠져나온 그는 다른 이들에게 그 끔찍한 학살에 대해 알린다. "삼천 명은 되었을 겁니다. (⋯) 죽은 사람들 말이에요."

그러나 그의 말을 믿는 이는 아무도 없다. "여긴 죽은 사람이 없는데요." 그들은 그 사람들이 자기 고향으로 돌아갔다는 군사 당국의 말을 믿는다. 그 뒤에도 군사 당국은 노조 지도자 등 반정부 요인들을 몰래 잡아다 죽이지만, 아무도 그 사실을 알지 못한다. 가족들이 실종된 이를 찾아 달라고 할 때마다 군사 당국은 말한다. 꿈을 꾸신 게 틀림없습니다. 마콘도에선 아무 일도 일어나지 않았고, 앞으로도 절대 일어나지 않을 겁니다.

책을 읽다 보니 부러운 게 두 가지 있었다. 하는 일마다 잘돼서 돈을 쉽게 벌었다는 것도 넣고 싶긴 한데, 그럼 내가 너무 세속적으로 보일까 봐 제외한다. 부러운 것 하나는 그 마을에 미남미녀가 많다는 것. 특히 아르카디오의 첫째 딸인 레메디오스는 아예 책에 '미녀 레메디오스'라는 서술이 나올 만큼 미모가 출중했는데, 기왓장 위에서 그녀가 목욕하는 장면을 한 시간가량 지켜보다 기왓장이 무너져 즉사하는 이가 생길 정도였다. 물론 이건 레메디오스가 예쁘다는 확실한 증거는 아니다.

탈의실 천장에 매달려 여성들을 훔쳐보던 어떤 미국 남성이 천장이 무너지며 추락해 붙잡히고 만 것처럼, 벗은 여자의 미추를 가리지 않는 남성이 한둘이 아니니 말이다. 하지만 레메디오스가 식당에 나타날 때마다 그녀를 보는 이들이 흥분으로 인해 정신적 공황 상태에 빠졌다니, 그냥 믿자. 그녀가 절세의 미녀라는 것을.

아마란타도 예쁘고, 레베카도 미녀다. 우르술라 빼고는 다 예쁜 것 같은데, 2권 말미에 나오는 아마란타 우르술라 역시 대단한 미녀로 묘사된다. 참, 아마란타 우르술라 얘기가 나왔으니, '해도 너무 한다 (3)'을 추가해야겠다. 그녀는 벨기에에 갔다가 그녀밖에 모르는 돈 많은 남자와 결혼해서 마콘도에 돌아온다. 해 달라는 건 다 해주는 그런 좋은 남편을 두고 그녀는 바람을 피운다. 그럴 수는 있다 쳐도, 그 대상이 문제다. 그녀의 언니가 낳은 아들인 '아우렐리아노 바빌로니아'가 그 상대로, 둘의 정사 장면이 어찌나 대단한지, 소설 말미가 온통 그 얘기로 채워져 있다. "집을 퇴폐의 천국으로 변화시켰다."

혹시 그 대목만 볼 사람이 있을까 봐 미리 말하는데, 앞부분부터 차근차근 읽어야 그 장면이 마음에 와닿지, 다 건너뛰고 그 부분만 보면 별 느낌이 없다.

부러운 것 두 번째. 반란에 연루돼 한꺼번에 죽은 열일곱 명의 아우렐리아노를 제외하곤 다들 장수하고, 죽을 때도 병으로 고생하지 않고 죽는다. 오죽하면 "부엔디아 가문 사람들은 병에 걸리지 않고 죽는다"는 대목이 본문에 직접 언급됐을까?

노환으로 누워 계시다 돌아가신 외할아버지, 치매로 근십 년 가까이 고생하신 외할머니, 당뇨 합병증으로 십 년간 병원 신세를 지다 돌아가신 아버지 등등을 보면, 책에 나오는 이들의 죽음은 부러울 정도다. 내가 곧 죽을 것이다, 라며 수의를 만들고 나서 죽는다든지, 누워 있다가 "오, 하느님. 이게 바로 죽음이라는 거로군요"라고 외친 뒤 죽은 이도 있다. 내가 젊은 나이였다면 이 대목에 관심을 안 가졌겠지만, 나이가 들어서인지 이 구절이 유독 가슴에 와닿는다.

이만 결론을 내자. 이름이 헷갈리는 점을 제외한다면,《백년의 고독》은 제법 재미있는 책이며, 야한 장면도 제법 나온다. 재미와 더불어 고전을 읽었다는 뿌듯함까지,《백년의 고독》을 강력히 추천하는 이유다.

에드바르르드 뭉크
병든 아이(The Sick Child)
1907

08

페스트를 읽으며 코로나를 생각하다

《페스트》

알베르 카뮈 _ Albert Camus

🔖 코로나19와 페스트

2019년 12월, 중국에서 정체불명의 바이러스가 퍼지고 있다는 뉴스가 나왔다. 여기에 관심을 가진 이는 거의 없었지만, 코로나19라는 이름이 붙은 이 바이러스가 전 세계를 공포에 떨게 하기까진 그리 오래 걸리지 않았다.

중국과 인접한 탓에 우리나라는 그 피해를 가장 먼저 본 나라였다. 메르스와 신종플루 등 몇 차례의 전염병을 겪은 경험이 있었지만, 코로나19는 다른 전염병과 달랐다. 전염력이 높은 데다 치료하지 않으면 치사율이 2퍼센트를 넘을 만큼 위험했다. 게다가 끈질기기까지 해서, 확진자 수가 줄어들어 '곧 종식이 되겠구나' 기대를 하면 어김없이 집단 발병이 일어났다. 사람들은 꼭 필요한 경우가 아니면 외출을 삼갔고, 나갈 때는 꼭 마스크를 썼다.

집에만 있는 삶은 지루했다. 날씨가 좋을 때는 지루함이 더했지만, 궂은날이라고 해서 덜 지루한 것은 아니었다. 사람들은 SNS를 했고, 넷플릭스를 뒤적였으며, 한 달여 늦게 개막한 프로야구를 시청했다. 아주 드문 경우지만, 일부 사람들은 책에서 탈출구를 찾으려 했다. 그들이 책을 통해 얻으려는 것은 이 상황에서 어떻게 살아야 하는지에 대한 해법.

OTT플랫폼에서 스티븐 소더버그(Steven Soderbergh) 감독의 〈컨테이젼(Contagion)〉이 인기를 끈 것처럼, 코로나 기간 중 잘 팔린 책은 바이러스에 관한 것들이었다. 그 책 중 하나가 바로 노벨문학상 수상자인 알베르 카뮈(Albert Camus)의 《페스트》였다.

카뮈 하면 떠오르는 책은 바로 《이방인》이다. 대학교 때 몸담은 동아리에서 이 책으로 토론을 하는 바람에 할 수 없이 읽었는데, 책장은 의외로 술술 넘어갔고, 더 좋았던 것은 분량도 짧았다. 하지만 책 한 권을 다 읽은 쾌감은 느끼지 못했는데, 이는 저자가 도대체 무슨 말을 하려는지 이해하지 못했기 때문이었다.

내가 카뮈를 멀리하게 된 건 그때부터였는데, 그러니까 《페스트》는 《이방인》 이후 삼십여 년 만에 만나는 카뮈의 작품이었다. 《페스트》를 읽다가 알게 된 또 다른 사실은 카뮈가 마흔일곱의 나이에 차 사고로 사망했다는 것. 그가 이 두 책과 더불어 《시지프 신화》까지, 총 세 권의 책만 남긴 건 그런 이유에서였다.

왜 나는 《이방인》을 읽을 때는 카뮈의 이른 죽음에 대해 생각지 못했을까? 아마도 그땐 만으로 열아홉이었기에 마흔일곱이 굉장히 많은 나이라고 생각했던 모양이다. 좀 심하게 말하면 살 만큼 살았다는 생각까지 했을 정도다. 하지만 카뮈의 나이를 지나서 살아보니 마흔일곱은 인생에서 절정의 기량을 발휘하는 시기였다. 세상에는 난해한 작품을 쓰는 작가도 있어야 하는 법, 새삼 카뮈의 요절이 아쉬웠다.

📖 페스트의 배경지식 (1)

《페스트》는 그다지 가독성이 좋은 책은 아니다. 이른바 고전에 속하는 책은 죄다, 심지어 《안나 카레니나》까지 섭렵한 내 아내가 어려워서 그만둘 정도였으니, 말 다했다. 하지만 난 《페스트》를 비교적 쉽게 읽었다. 페스트라는 병에 대해 다른 이보다 조금 더 알고 있다는 게 이 책을 완주한 비결이었다. 물론 나라고 쉬웠던 것만은 아니어서, 시간과 무관하게 책만 펴면 졸리는 현상으로 힘들어했지만, 그래도 어느 정도의 배경지식이 힘을 준 것은 틀림없다. 혹시 이 글을 읽고 《페스트》를 집어들 사람이 있을까 봐 글의 절반은 책을 읽으면 도움이 될 얘기에 할애한다.

페스트는 흑사병이라고도 불리며, 세 차례나 전 세계를 떠들썩하게 한 바 있다. 6세기 비잔틴제국에서 시작된 게 1차 팬데믹이었고, 14세기 중국에서 발생해 실크로드를 따라 전 유럽에 퍼졌던 게 2차 팬데믹, 그리고 1894년 중국에서 발생해 유럽으로 퍼진 게 3차 팬데믹이다.

이 중 가장 유명한 것은 2차 팬데믹으로, 근 삼백 년 가까이 유행하면서 유럽 인구의 삼분의 일이 죽었다고 알려져 있다. 누가 그렸는지는 모르겠지만, 당시 어느 성당의 벽화에는 말을 탄 해골 모양의 악마가 낫을 휘두르며 민중들을 무자비하게 학살하는 장면이 담겨 있다. 우리는 낯선 것에 대해 본능적인 거부감을 갖는다. 사람이 귀신을 무서워하는 이유도 귀신의 정체를 모르기 때문이다. 만일 귀신이 모습을 드러내 우리와 같이 생활한다면, 좀 불편하긴 할지언정 그들을 그렇게까지 무서워하진 않을 것이다.

당시 사람들이 페스트를 무서워한 이유도 도대체 무엇이 이런 엄청난 재앙을 불러왔는지 알지 못해서였다. 의사라는 사람들조차 페스트의 원인에 대해 '행성 세 개가 합쳐져서 생겼다'라느니 '쓰레기를 태우는 나쁜 공기로 인해 생겼다' 같은 허무맹랑한 소리를 해댔다. 원인을 모르니 치료도 불가능해, 당시 의사들이 할 수 있는 처방은 주머니에 향료 같은 것을 담아서 나쁜 공기를 차단해라, 정도였다.

2019년 11월, 중국에서 페스트가 유행한다는 뉴스가 나온 적이 있다. 하지만 이 뉴스는 별반 이슈가 되지 못했다. '중국서 흑사병 두 명, 감염 확산되나 불안감'이라는 〈한국일보〉 기사에 달린 댓글도 십수 개에 불과했는데, 그 중 하나는 다음과 같은 내용이었다. "지금은 1300년대가 아니다."

무슨 말일까? 1894년 프랑스의 세균학자 알렉상드르 예르생(Alexandre Yersin)은 페스트의 원인균을 찾아내 인공 배지에서 배양하는 데 성공했다. 페스트의 정체는 다름 아닌 세균이었고, 이 균에는 예르시니아 페스티스(Yersinia pestis)라는 이름이 붙었다. 원인을 알면 치료도 가능한 법. 페스트는 항생제에 아주 잘 들으니, 항생제를 원 없이 쓰는 이 시대 사람들이 이 병에 아무런 공포를 느끼지 못하는 것은 당연했다.

🔖 페스트의 배경지식 (2)

페스트는 쥐를 통해 전파된다. 쥐에 붙어 있던 벼룩이 쥐의 피를 빨 때 그 안에 있던 균이 쥐에게 옮겨간다. 내성이 없는 경우 페스트균에 감염된 쥐는 죽게 되는데, 그 쥐의 몸에서 나온 벼룩이 사람을 물면서 인체 감염이 이루어진다. 그래서 쥐의 떼죽음은 페스트의 전조 현상이다. 소설 《페스트》에서도 페스트 유행은 '리외'라는 이름의 의사가 진찰실 층계참에 죽어 있는 쥐 한 마리를 목격하는 것으로부터 시작된다. 리외의 말을 들은 수위는 쥐를 갖다 버리지만, 쥐 시체는 그 후에도 지속적으로 나타난다.

— 어떤 골목에서 의사는 (…) 더러운 걸레 조각들 위에 팽개쳐진 쥐를 십여 마리나 보았다. (…) 4월 28일에 랑스도크 통신이 약 8,000마리의 쥐를 수거했다는 뉴스를 발표하자 도시의 불안은 그 절정에 달했다.

쥐를 갖다버린 수위는 결국 페스트에 감염돼 리외의 진찰을 받는 신세가 된다. 그는 처음에 피로감을 호소하더니, 나중에는 다음과 같은 증상이 나타난다.

"목과 겨드랑이와 사타구니에 통증이 어찌나 심한지 (…) 종기가 났나 봐요. 과로했던 모양이에요."

책에는 잘 설명되어 있지 않지만, 페스트에는 크게 '선페스트'와 '폐페스트'가 있다. 교과서에는 한 종류가 더 나와 있지만, 이 책에서 언급되지 않으니 생략한다. 선페스트는 가장 흔한 타입이다. '선'은 면역기능을 수행하는 림프절을 뜻하는데, 페스트의 초기 증상은 바로 림프절이 붓는 것이다. 벼룩이 주로 다리를 물기 때문에 사타구니 림프절이 붓는 경우가 흔하며, 대부분의 경우 통증을 수반한다. 림프절이 붓는 페스트, 즉 선페스트는 다른 이에게 전파되지 않는데, 리외를 비롯한 의료진이 환자를 진료해도 감염되지 않았던 건 이 때문이다.

선페스트는 치료하지 않을 경우 세균이 온몸으로 퍼져 사망하게 된다. 하지만 사망하기 전 세균이 폐로 가서 자리를 잡는다면, 새로운 페스트가 생긴다. 이게 바로 폐페스트다. 폐페스트는 당연히 폐를 망가뜨리지만, 더 무서운 것은 폐에서 나오는 기침 등을 수단으로 해서 다른 사람에게 쉽게 전파된다는 점이다. 벼룩에 다리를 물려서 시작되는 페스트와 달리 호흡기를 통해 페스트균이 들어오면 그 감염자도 가장 먼저 폐가 망가진다. 폐페스트가 선페스트보다 심각한 증상을 일으키며, 사망에 이르는 시간이 빠른 것도 바로 이 때문이다. 그러니 폐페스트의 등장은 유행이 한층 더 심각해지는 신호다.

카뮈의 책에도 폐페스트가 언급된다.

── 그 전날 밤부터, 그 병의 새로운 유형을 보여주는 사례가 둘이나 생겼다. 이제 페스트는 폐장성으로까지 확대되었던 것

이다. (…) 의사들은 입에서 입으로 옮겨지는 폐장성 페스트의 전염을 막기 위해서 (지사에게) 새로운 조치를 요구하고 승낙을 받아냈던 것이다.

구조대 조직하기

앞에서 지사에게 승낙받은 새로운 조치가 무엇인지 궁금할 것이다. 이걸 알아보기 전에 페스트의 치료에 대해 먼저 언급해야 한다. 2차 팬데믹 때 유럽이 속수무책으로 당했던 이유는 당시만 해도 항생제라는 게 없었기 때문이다. 카뮈가 이 책을 낸 것은 1947년, 책의 시대적 배경을 출간된 해라고 해도 마땅한 치료 방법이 없기는 마찬가지였다. 페니실린이 임상시험에 성공한 것은 1941년이지만, 그 원료가 되는 푸른곰 팡이의 재배가 어려워 페니실린을 쉽게 구하진 못했을 것이다. 이 책에서 리외가 페스트와 헌신적으로 싸워온 지인을 잃은 것도, 이 책의 가장 큰 비극이라 할, 또 다른 지인의 아들을 구하지 못한 것도 치료약이 없었기 때문이다.

항생제 대신 이 책에서 제시되는 치료제는 카스텔이라는 의사가 만든 '항혈청'이다. 페스트에 감염됐다고 해서 다 죽는 건 아니니, 살아남은 사람의 혈액에는 페스트균에 대한 항체가 들어 있다. 이 사람의 피를 뽑아 항체가 들어 있는 부분, 전문용어로 '혈청'을 분리한 게 바로 항혈청이다. 한 사람에게서 무한정 피를 뽑을 수도 없고, 항체를 넣어준다고 해서 그게 페스트균을 다 죽이는 것도 아니니, 항혈청은 그 효과가 매우 제한적이다. 이런 지식을 가지고 이 책을 읽는다면, 리외를 비롯한 소설 속 의사들이 느꼈을 절망감을 미루어 짐작할 수 있으리라.

의사들이 할 수 있는 건 두 가지였다. 환자의 면역이 작동해 병이 낫기를 기다리는 것이 첫 번째고, 감염의 전파를 막는 게 두 번째였다. 그렇다면 전파는 어떻게 막을까? 쥐를 잡는 것도 필요하겠지만, 그보다 더 중요한 것은 환자를 병원으로 옮겨 격리하고, 사망자는 땅에 파묻는 일이다. 실제로 중세 유럽에서는 워낙 죽는 사람이 많아서 시체를 매장할 인력도 부족했으며, 훗날 페스트 희생자들로 추정되는 집단 매장지가 유럽 곳곳에서 발견되었다.

첫 번째 임무는 의사들이 할 수 있지만 두 번째 임무는 일반인, 그중에서도 건강한 이들이 수행해야 한다. 의사들이 지사에게 요구한 것은 바로 '구조대'를 조직하는 일이었다. 처음에는 죄수를 쓸까 했지만, 이 일에 사명감과 성실성이 요구된다는 생각에 '일반인'이 맡기로 한다. 리외의 지인들 중 몇 명은 다 나름의 사정이 있었음에도 불구하고, 이 일에 자원한다.

지금 보면 너무도 당연한 일처럼 느껴지는 구조대 조직을, 의사들이 애걸복걸하면서까지 요청했던 이유는 무엇일까? 예나 지금이나 높은 사람, 어려운 말로 고위직들은 사람의 생명보다 더 고상한 무엇, 그러니까 경제라든지 관광이라든지 자신의 승진 같은 것에 더 신경을 쓰기 마련인데, 페스트 같은 전염병의 발생은 이 모든 것을 망가뜨리는 악재다. 그래서 그들은 되도록 페스트 소식이 외부로 새어 나가지 않게 조용히 사태를 해결하길 바람으로써 일을 그르친다. 이제부터 이 얘기를 해보자.

🔖 소설과 현실의 공통점

소설 속에서 리외는 갖은 반대를 무릅쓰고 도청 보건위원회를 소집하는 데 성공한다. 그 회의에서 높은 사람들은, 심지어 의사마저도, 사태를 축소하려 애쓴다. 이 회의에서는 리샤르가 그 역할을 한다.

리샤르 모든 게 과장되었습니다.

카스텔 문제는 페스트냐 아니냐를 알아내는 데 있어요.

리외 이 병이 페스트든 아니든 중요한 게 아닙니다. 중요한 것은 시민들이 목숨을 잃지 않게 하는 일이에요.

리샤르 무엇이건 어두운 쪽으로만 보아서는 안 됩니다. 환자들의 가족이 무사한 걸 보면 전염성이 있는지도 모르겠군요.

리외 예방조치를 취하자는 겁니다.

리샤르 페스트냐 아니냐가 확실하게 입증된 뒤에야 법률에 따른 예방조치가 가능합니다.

리외 그게 페스트든 아니든 상관없다니까요! 시민의 반수가 이로 인해 죽을 수 있다고요!

리샤르 그러다 페스트가 아니면 당신이 책임질 겁니까?

결국 구조대 조직은 실패로 돌아갔고, 이는 위에서 언급한 폐페스트가 출현한 뒤에야 허가된다. 문제는 리샤르 역시 이 병이 페스트라는 것을 잘 알고 있었지만, 고위직들의 뜻을 받들어 거짓된 이야기를 한 것이다. 이런 이들을 전문용어로 '부역자'라고 부르는데, 전문가들 중 부역자의 수는 소수에 불과하다. 희한하게도 고위직들은 참된 전문가보다 이런 부역자들의 의견에 더 귀를 기울인다. 바꿔 말하면 고위직들 주위에는 이런 부역자들의 비율이 더 높은 것 같다.

2003년 중국의 상황도 소설과 비슷했다. 치사율이 9.6퍼센트에 달하는 사스(SARS, 중증급성호흡기증후군)가 발생했다. 장소는 대규모 야생동물 매매 단지가 있어 신종 바이러스의 공장이라 할 광둥성이었다. 환자들이 발생했을 때 그들은 이 질환을 '비정형 폐렴', 그러니까 좀 특이한 폐렴이라고 이름 붙였는데, 이는 질병의 심각성을 드러내지 않기 위함이었다. 게다가 그들은 새로운 질병의 출현을 일반인에게 비밀에 부침으로써 사람들이 경계 태세를 갖출 기회를 날려버렸다.

여기에 더해 중국 당국은 희한한 쇼까지 벌였다. 사스가 확산되면서 시민들이 불안해하자, 한 TV 방송국은 병원 침대에서 상반신을 일으키는 여자 환자의 모습을 화면에 송출했다. 그녀가 "난 이제 나았어요, 겁내지 마세요"라고 말하자 그 뒤에 있던 의사가 덧붙인다.

"사스에 걸려도 해열제와 항생제를 투여하면 금방 회복됩니다."

사스는 코로나19와 마찬가지로 코로나바이러스로 인해 발생하는 병이다. 바이러스는 항생제에 듣지 않으니, 저 의사의 말은 기본이 안 된 수준이다. 사스가 코로나19만큼 전파력이 높지 않았기에 8,000여 명 감염에 774명의 사망자를 낳는 데

그쳤지, 그렇지 않았다면 코로나19 사태를 전 세계가 미리 겪을 뻔했다.

코로나19에서도 중국의 태도는 변함이 없었다. 리원량(李文亮)이라는 의사가 새로운 바이러스가 퍼지고 있다는 사실을 알리자 그 무서운 공안이 그를 찾아왔고, 결국 그는 자신의 말이 다 거짓이라는 내용의 반성문을 작성해야 했다. 그의 경고가 세상에 알려졌다면 코로나19가 조금은 덜 비극적인 결말로 끝나지 않았을까? 그러므로 고위직에 오르려는 이는 반드시 《페스트》를 읽으시라. 이렇게 말만 하면 안 읽을 것 같으니, 고위직을 뽑는 시험에 《페스트》를 읽어야만 풀 수 있는 문제를 내자. 그리고 인사청문회 때 위장전입 같은 것만 묻지 말고, 《페스트》를 읽어야만 답할 수 있는 질문을 던지자. 바이러스가 시시때때로 심술을 부리는 21세기에는 이런 게 꼭 필요하다.

파늘루 신부의 회개

소설에서 페스트가 유행하자 파늘루 신부는 사람들을 모아 놓고 다음과 같은 설교를 한다.

— 오늘 페스트가 여러분에게 관여하게 된 것은 반성할 때가 왔기 때문입니다. 올바른 사람들은 조금도 그것을 두려워할 필요가 없습니다. 그러나 사악한 사람들이 떠는 것은 당연한 일입니다. (…) 너무나 오랫동안 이 세상은 악과 타협해왔습니다. (…) 그렇습니다. 반성할 때가 온 것입니다.

주인공인 리외는 이 설교에 대해 불편함을 느낀다. 어른들이야 죄를 지어서 그렇다고 치더라도, 아이들은 도대체 무슨 죄가 있느냐는 것이다.

하지만 종교가 세상을 지배하던 중세에는 이런 말이 먹혔고, 또 어느정도 필요하기도 했다. 당시의 의학 수준이 낮아 환자에게 해줄 것이 많지 않다 보니, 종교를 통해 마음이라도 안정시키는 게 환자의 회복에 오히려 더 도움이 되는 측면도 있었기 때문이다.

그러나 유럽을 강타한 페스트 팬데믹 때는 이런 것도 다 소용이 없었다. 종교인들은 신을 믿고 바르게 살면 재앙으로부터 안전할 수 있다고 설교했지만, 인구의 삼분의 일 이상이 죽어나가는데 그 말만 믿고 있을 수는 없었다. 그래서 사람들은 짐을 싸들고 도시를 빠져나가기 바빴고, 도시는 폐허로 변했다.

알다시피, 《데카메론》이라는 소설은 페스트를 피해 시골로 숨어든 젊은 남녀가 했던 농담 따먹기였다. 여기서 주목할 점은, 그 시절 종교인들이 가장 많이 희생됐다는 점이다. 수도원의 경우 많은 사람이 밀집해 살아서 전염 확률이 높았던 데다, 혹시나 해서 찾아온 환자들을 외면하지 못한 탓이다.

이유가 무엇이든 종교인들의 사망률이 높았다는 사실은 절대 권력으로 군림했던 종교인들에 대해 불신을 갖게 만들었고, 종교의 시대가 물러나고 과학의 시대가 도래하는 계기를 제공했다. 간혹 전염병이 역사를 바꾼다고 하는데, 여기에 가장 적합한 사례가 바로 14세기부터 유행한 페스트라고 할 수 있다.

이 소설에서도 바르게 살지 않아 페스트에 걸린다고 했던 파늘루 신부는 결국 회개하고 구조대에 들어와 활동하는데, 이를 본 리외는 다음과 같이 말한다.

"그것 참 기쁜 일이군요. 그가 자기의 설교보다는 더 나은 사람이라는 것을 알게 되니 기쁘군요."

우리나라에도 전염병 같은 비극을 신도를 늘리는 수단으로 악용하는 종교인들이 있다. 그들에게도, 그 말에 넘어가는 사람들에게도, 이 책 《페스트》를 권한다.

📖 우한과 오랑, 도시 봉쇄와 격리

영화 〈컨테이젼〉에서 미국 정부는 감염의 온상인 시카고를 봉쇄한다. 생필품은 동이 나고, 시민들은 가족, 친지들과 생이별해야 했다. 게다가 도시 봉쇄는 사람들에게 주는 심리적 압박감이 엄청나서, 평소 도시 밖으로 다니는 일이 없던 사람도 막상 출입이 통제되면 스트레스를 받기 마련이다.

하지만 한 지역을 봉쇄하는 것이야말로 전염병 관리에서 가장 효율적인 방법이다. 코로나19의 발원지였던 중국은 감염이 시작되자 그 온상인 '우한'을 봉쇄했고, 감염이 다른 지역으로 확산하자 전국 곳곳을 봉쇄해버린다. 이른바 제로 코로나 정책. 2022년 말, 삼 년에 가까운 봉쇄가 풀리자 코로나가 다시 확산됐지만, 현재까지 중국의 확진자 수는 200여만 명 수준으로, 우리나라의 3,000여만 명에 비해 월등히 적다. 물론 중국의 통계를 믿을 수 없다는 의견이 대세고, 저런 봉쇄를 일반적인 자유주의 국가에서는 시행하기 어렵지만, 봉쇄가 감염을 막는 데 가장 효과적이라는 건 분명하다.

《페스트》가 발생한 도시인 '오랑'도 정부에 의해 봉쇄됐다. 다른 지역 사람들이 오랑 안으로 들어올 수는 있지만, 한번 들어오고 나면 일이 정리될 때까지는 나갈 수 없다. 카뮈는 그 안에 갇힌 사람들의 심리 상태를 탁월하게 묘사한다.

— 그들은 모두 같은 독 안에 든 쥐가 되었으며 거기에 그냥 적
  응하지 않을 수 없었다.

— 우리의 도시에서는 이제는 아무도 거창한 감정을 품지 못했
  다. 모든 사람들은 단조로운 감정만 느끼고 있었던 것이다.
  (…) 페스트는 모든 사람들에게서 사랑의 동력을, 심지어 우
  정을 나눌 힘조차도 빼앗아가 버리고 말았다는 사실도 말해
  야겠다. 왜냐하면 연애를 하려면 어느 정도의 미래가 요구되
  는 법인데, 우리에게는 이미 현재의 순간 이외에는 남은 것
  이 없기 때문이다.

카뮈는 어떻게 봉쇄된 사람들의 심정을 이렇게 잘 알 수 있
었을까? 그가 아무리 노벨상 수상자라 해도, 이건 상상만으
로 가능한 일이 아니다. 민음사판의 번역자인 김화영 교수의
해설을 읽어보면 그 답이 나온다. 폐렴을 앓던 카뮈는 프랑스
의 고산지대로 요양을 떠난다. 언제까지 그곳에 있을 수는 없
었기에 카뮈의 아내는 집과 직장을 구하기 위해 프랑스의 식
민지였던 알제리로 먼저 떠나고, 카뮈는 그로부터 한 달 뒤

뒤따라가기로 한다. 하지만 전쟁이 한창이던 1941년, 연합군이 알제리 해안에 상륙하고, 독일군의 반격이 이어지면서 카뮈는 아내와 헤어진 채 고산지대에서 귀양살이를 하는 신세가 된다. 이러한 경험이 있었기에 현실성이 돋보이는 걸작, 《페스트》가 탄생한 것이다.

마지막으로 한 가지만 더 얘기하자. 코로나19의 초창기만 해도 사람들은, 그래도 의대를 나왔다고, 내게 이런 질문을 던졌다.

"코로나는 언제쯤 끝날 것 같아요?"

그러나 시간이 지남에 따라 사람들은 더는 그런 질문을 던지지 않았다. 내가 했던 답변이 번번이 틀려서 그런 줄 알았는데, 《페스트》를 보니 그게 나만의 문제는 아니었다.

— 사실 사람들은 이제나 저제나 하고 병의 종말을 기다렸다. 그런데 아무도 다른 사람에게 질병이 얼마나 더 계속될지 물어보려고 하지 않았다. 왜냐하면 모든 사람들은 병이 얼마나 더 오래갈지에 대해서는 전혀 알 길이 없다고 생각했기 때문이다.

다시 말해 끝이 언제인지 아무도 모른다는 걸 사람들이 깨달았다는 뜻이리라. 초기에는 전문가들의 말에서 희망을 가져보지만, 그게 계속 빗나가다 보니 점차 희망을 잃어간다는 얘기도 될 것인데, 그다음에는 더 무서운 말이 나온다.

— 그 불행에는 정말 끝이 없는 것이 아닌가 하는 두려움이 시작되었다.

나 역시 코로나19를 겪었던 터라 이 말에 전적으로 공감이 됐다. 신천지를 통한 감염이 잠잠해지며 이제 끝인가 싶었을 때, 이태원에서 집단 감염이 일어나더니 사랑제일교회발 대유행이 뒤를 이었고, 11월에는 감염이 전국으로 확산됐다. 심지어 전 국민이 백신을 맞은 후에도 코로나19는 계속됐지 않은가?

비슷한 일을 두 번 겪으면 두 번째엔 더 잘 대처할 수 있게 마련이다. 책을 읽는 것은 우리가 언젠가 만날지 모르는 일을 간접으로 경험함으로써 실제 그 일을 겪을 때 도움을 준다. 고전은 수많은 사람으로부터 그 답이라고 공인된 책이니, 《페스트》를 읽은 사람들은 지겹디 지겨운 코로나19를 조금은 더 잘 견뎠을 것 같다. 그래서 감히 말한다. 인생의 해답은 역시 고전에 있다고.

페스트는 모든 사람들에게서 사랑의 동력을,
심지어 우정을 나눌 힘조차도
빼앗아가 버리고 말았다는 사실도 말해야겠다.
우리에게는 이미 현재의 순간 이외에는 남은 것이 없기 때문이다.

앙리 마티스
이카루스(Icarus)
1943-1944

09

어설픈 유머가 초래한 비극

《농담》

밀란 쿤데라 _ Milan Kundera

🕮 쿤데라와 만나다

1992년, 동아리 후배가 회지에 글을 연재했다. 내용은 이랬다. 자신은 재벌 회장의 아들인데 신분을 속이고 일반인처럼 살고 있다. 모임 후 다들 짜장면을 시킬 때면 속이 안 좋아서 안 먹겠다고 한 뒤 집에 가서 스테이크를 먹는 식의 이중생활을 해왔다는 것이다. 그러던 어느 날, 후배는 불편한 기색으로 탕수육을 먹는 또 다른 친구를 발견했다. 그리고 그에게 눈짓으로 말했다. "혹시 너도?" 그 친구는 슬픈 눈으로 고개를 끄덕였다. '아아, 나 말고도 많은 이가 일반인들 틈에 잠입해 있구나.'

원래 글도 잘 쓰고 유머도 있는 후배였지만, 이 글은 너무 재미있어서 사람들이 열광할 수밖에 없었다. 여기에 관해 난 다른 후배와 다음과 같은 대화를 나눈다.

나 그 글 진짜 재밌지 않니? 변** 정말 천재야.

후배 그러게요. 보통 사람은 아니죠.

나 제목도 너무 잘 지었어. '참을 수 없는 가진 자의 가벼움'이라니, 어떻게 그런 생각을 하지?

후배 형, 그거 밀란 쿤데라(Milan Kundera) 소설을 패러디한 거잖아요.《참을 수 없는 존재의 가벼움》(이하 가벼움)이요.

그 말을 듣자 부끄러움이 밀려들었다. 당시 난 그 책은 고사하고, 저자인 쿤데라가 누군지조차 몰랐으니 말이다. 책과 담을 쌓고 지내던 시절인 데다, 신문이라고는 스포츠신문만 봤으니, 그럴 법도 했다. 그로부터 몇 년이 지난 뒤 난《소설 마태우스》라는, 아주 한심한 책을 낸다. 그 책이 욕을 바가지로 먹은 뒤 제대로 된 책을 써보겠답시고 글쓰기 지옥 훈련을 했는데, 하루 두 편씩 블로그에 글을 쓰는 것과 일하고 자는 시간을 제외한 모든 시간에 책을 읽는 게 골자였다.

그렇게 책을 읽던 중 갑자기 그 후배가 생각났고, 그래서 구입한 책이 바로《가벼움》이었다. 처음엔 비장한 마음으로 책을 읽기 시작했다. 그럴 수밖에 없었던 게, 유명한 작가인 만큼 책이 어렵겠다고 지레짐작한 탓이었다. 하지만 책은 술술 읽혔고, 심지어 재밌었다. 다 읽고 나니, 이런 생각이 들었다. '쿤데라 별거 아니잖아?' 그 뒤 쿤데라의 책 몇 권을 찾아 읽었는데, 그 중 한 권이 바로《농담》이었다.《농담》을 읽은 뒤 난 또 생각했다. '역시 쿤데라는 별거 아닌 게 맞아. 술술 읽히네?'

📖 박웅현이 일깨워준 쿤데라

광고인 박웅현이 쓴 《책은 도끼다》는 100쇄를 넘게 찍은 초베스트셀러다. 과거와 달리 지금의 나는 화제가 된 책은 웬만하면 사서 읽는 사람이 됐기에, 그 책 역시 구매했다. 다들 알다시피 그 책은 여러 책에 대한 리뷰로, 5강의 제목은 다음과 같다. '결코 가볍지 않은 사랑, 참을 수 없는 존재의 가벼움.'

그 부분을 다 읽고 난 뒤 충격에 빠졌다. 이제껏 그 책을 토마시라는 남자가 여자 둘과 만나 사귀는, 통속적인 책으로만 이해했는데, 알고 보니 여기엔 훨씬 더 심오한 진리가 숨어 있었다. 예컨대 책에 등장하는, 키치에 대한 비판은 알고 보니 공산주의에 대한 신랄한 비판이었다. 똥이 인정 안 되는 세상, 그러니까 보고 싶은 것만 보며 사는 게 키치인데, 공산주의가 키치의 전형적인 예라는 것이다. 토마시와 테레자가 춤을 추는, 마지막 장면의 묘사도 멋지다. 더이상 선택의 여지가 없는 상태가 슬픔이고, 행복은 그들이 함께 있다는 걸 의미한다나. 다시 말해 시골에서 늙어가는 슬픈 인생의 형식 속에 둘이 함께 춤추고 있다는 행복이 공간을 채웠다는 것이다.

《가벼움》이 이렇게 심오한 책이라니. 난 '위대한 책=읽기 어려운 책'이라는 바보 같은 등식에 매몰돼 있었기에, 이 책을 읽으며 당황했고, 쿤데라는 그저 그런 통속작가라고 정리해버렸다. 그러나 '위대한 책'은 술술 읽히느냐 마느냐에 달린 게 아니라, 그 안에 어떤 메시지를 담고 있는지, 그 메시지를 얼마나 효율적으로 전달하는지가 더 중요했다. 그리고 그 책에 담긴 메시지를 읽어내는 것이야말로 '내공'이었다. 《가벼움》을 읽던 당시는 내가 독서를 시작한 지 얼마 안 된 데다, 철학을 비롯한 인문학 전반에 무지했기에 저자의 메시지를 전혀 파악하지 못했던 모양이다.

박웅현의 도움을 받고 난 뒤에야 그 책이 왜 명작인지 알 수 있었으며, 저자가 책 제목을 그렇게 지은 이유도 이해하게 됐다. 흔히 접하던 것과 달랐던 그 제목은, 이보다 더 나을 수 없을 만큼 책의 핵심을 짚어내는 멋진 문장이었다. 그러니까 박웅현의 해설은 최소한 내겐 통속작가로 남을 뻔한 쿤데라를 위대한 작가로 되돌려놨다. 나처럼 혼자 해독할 내공이 좀 부족하다면, 남의 도움을 받는 걸 부끄러워하지 말자. 그것이야말로 책에 투자한 시간을 건지는 좋은 방법이니 말이다.

하나를 깨우치면 그와 연관된 다른 것도 깨우치기 마련이다. 그래서 예전에 읽고 처박아뒀던 《농담》을 꺼내 읽었다. 박웅현처럼 명쾌한 해설은 하지 못할지언정, 최소한 이 책이 뭘 말하고 싶은지 어렴풋하게나마 감이 왔다. 《농담》은 민음사 세계문학전집 중 29번에 위치한 작품이다. 이 번호에 별 의미가 없을지도 모르지만, 쿤데라의 대표작인 《가벼움》이 234번인 것을 고려한다면, 어쩌면 출판사에선 《농담》을 쿤데라 최고의 작품으로 생각하는 건 아닐까 싶기도 하다.

실제로 난 두 책 중 《농담》을 훨씬 재미있게 읽었는데, 놀랍게도 문학평론가 유종호 역시 《농담》에 대해 후한 평가를 내린다. "쿤데라를 이해하기 위해서는 이 작품을 정독하는 것이 제일 좋습니다. (…) 후기 작품들은 소설의 결이 촘촘하지가 못하고 좀 엉성해요. 작품이 또 짧아요. 그리고 치밀하고 그런 세목이 별로 드물어요."[6] 외우자. 《농담》은 불후의 작가가 쓴, 불후의 작품이라는 것을.

🐦 어설픈 농담의 최후

책의 주인공 루드비크는 평소 농담을 좋아하는 것을 제외하면, 체코의 공산당원으로 출세가 보장된 이였다. 그러나 그가 공을 들이던, 마르케타라는 여자는 융통성이 부족한, 고지식한 사람이었다. 예컨대 루드비크는 공산주의에 찬성하지만 사랑이 더 먼저라고 생각하는 반면, 그녀에겐 사랑보다는 당이 우선이었다. 그래서 그녀는 둘이서 오붓하게 시간을 보내자는 루드비크의 제안을 뿌리치고 당에서 주관하는 교육연수에 참여한다. 그리고 둘 사이에 신경전이 오간다.

루드비크 나 없는 교육연수가 재미있냐?
마르케타 너무 황홀한데? 건전한 정신이 이곳을 지배하고 있고, 서구에서도 곧 혁명의 불길이 일어날 거야.

약이 바짝 오른 루드비크는 악의에 가득 찬 엽서를 그녀에게 보낸다. "낙관주의는 인류의 아편이다! 건전한 정신은 어리석음의 악취를 풍긴다. 트로츠키 만세! - 루드비크."

이 엽서로 인해 루드비크는 당의 사상검증위원회에 회부된다. 체육관에서 열린 그 회의에서 참석자들은 루드비크의 공산당원 자격을 박탈하고 군대로 보내자고 만장일치로 결의한다. 그 군대는 말만 군대일 뿐 중노동을 시키는 수용소인지라 앞으로는 '수용소'라고 부르겠다.

도대체 저 엽서 내용이 어디가 잘못됐기에 수용소로 보낸 것일까? 루드비크는 공산당원으로서 엘리트 의식을 드러내려 한 게 그 첫 번째 잘못이다. 루드비크가 공산당원이 아니라 작업하는 남자로서 자신의 처지를 생각했다면, 이렇게 썼어야 했다. "야! 넌 나랑 데이트하는 것보다 공산당 교육이 더 중요해? 좋아하는 남자의 요구에 못 이기는 척하면서 응하는 것이야말로 진짜 건전한 정신이야. 혁명의 불길도 중요하지만, 우리 둘이 일으킬 불길도 중요하지 않겠어?" 실수는 진솔한 말 대신 겉치장을 하려 할 때 발생하는 법이다.

두 번째 잘못은 낙관주의를 조롱했다는 점이다. 이 책을 읽다 알게 된 사실이지만, 공산주의는 곧 '모든 나라에서 공산주의 혁명이 일어날 것이다'라는 낙관주의에 기초한 사상이었다. 심문을 담당한 학생은 루드비크에게 이렇게 따진다. 낙관주의 없이 사회주의 건설이 가능하냐고. 그런데 루드비크는 '낙관주의는 인류의 아편'이라고 엽서에 썼으니, 그건 좀 지나치긴 했다.

마지막 잘못은 트로츠키 만세에 있다. 트로츠키는 레닌과 함께 러시아혁명의 지도자였지만, 진정한 공산주의의 실현을 주장하는 바람에 스탈린에 의해 공산당에서 쫓겨나고, 멕시코에 은둔하던 도중 암살당한다. 그 후에도 스탈린은 트로츠키 세력을 국가를 전복하는 위험한 세력을 규정하고, 자본주의보다 더 강력히 탄압했는데, 소련의 위성국이었던 체코에서 '트로츠키 만세'는 표현의 자유를 넘어선, 범죄행위였다.

아무리 그래도 저 엽서가 수용소로 갈 정도인지, 도무지 이해가 안 간다. 게다가 루드비크를 파멸시키자는 안건에 찬성한 이들은 평소 그와 더불어 웃고 떠들었던, 겨우 이십 대 초반의 젊은이들이었다. 스무 살 때야 자기들이 어른인 줄 알겠지만, 더 나이가 들면 깨닫는다. '아, 내가 스무살 때는 진짜 아무것도 몰랐구나!' 그런데 그 나이의 친구들이 한 사람의 삶을 파멸로 몰고 갈 결정을 한다? 농담을 좋아하던 루드비크가 냉소와 복수심에 불타는 루드비크로 변한 것은 당연한 귀결이었다.

루드비크에게도 아쉬운 점은 있다. 엽서 사건 이전에도 그는 별로 웃기지도 않는 농담을 수시로 해서, 친구들 사이에서 '또라이' 취급을 받곤 했다. 이쯤 되면 자신에게 유머 감각이 없다는 것을 자각하고 다른 길을 모색했어야 했다. 루드비크 같은 이가 말단에 있을 때는 그저 실없는 사람으로 그치지만, 권력을 가지면 그 자체로 재앙이 된다. 별 웃기지도 않는 아재 개그로 아래 직원들을 괴롭히는 상사를 상상해보라.

루드비크의 친구들에게도 문제는 있다. 처음부터 잘 웃기는 사람은 극히 드물다. 썰렁한 농담을 던지다 좌절하는 과정을 수없이 거치면서 만들어지는 게 '웃기는 사람'이고, 그 사람들이 사회를 좀 더 살 만한 곳으로 만든다. 하지만 실패한 농담에 대한 지나친 단죄는 사람들을 위축시키고, 사람들이 농담을 잘 시도하지 않게 만든다. 다들 진지한 말만 하는 사회라니, 생각만 해도 무섭지 않은가? 남이 썰렁한 농담을 했다고 비웃지 말자. 그러는 당신은 단 한 번이라도 남을 빵빵 터뜨린 적이 있는가?

🪶 남자라는 존재

수용소로 끌려간 루드비크는 고된 노동에 시달린다. 허가받은 외출도 2주에 한 번이 고작이다. 그러나 루드비크를 가장 힘들게 한 것은 수용소에 있는 이들이 모두 '남자'라는 점이다. 언젠가 혼술을 마신 적이 있다. 옆 테이블에는 남자 세 명이 앉아 있었는데, 셋은 술과 안주를 앞에 놓고 죄다 스마트폰만 했다. 그들 사이에는 아무런 대화도 오가지 않았다. 갑자기 한 명이 잔을 들고 한마디 한다. "한잔 하자." 셋은 말없이 잔을 비우더니, 다시 스마트폰을 했다. 그렇게 삼십 분이 흘렀을까. 한 여성이 헐레벌떡 달려오더니 그 테이블에 앉았다. "왜 이제 왔어?" "미안. 일이 늦게 끝났어." 침묵으로 일관됐던 그 테이블은 갑자기 떠들썩해졌다. 남자들이 앞다퉈 말을 하기 시작했으니까.

남자끼리 있는 게 재미없는 이유는, 그들이 서로의 말을 들어주지 않기 때문이다. 여자끼리 있을 때를 생각해보자.

A 너 머리 스타일 바뀌었다?

B, C 정말 그러네. 어디서 한 거야?

A ** 앞에 있는 미용실인데, 괜찮지? 나도 아주 마음에 들었어. 그 미용실 원장이 옥스퍼드대학에서 미용을 배웠는데….

B, C 어머어머. 나도 이제부터 거기 가야겠다.

여기서 보듯 여성들은 상대의 작은 변화에도 관심을 갖고, 상대방의 말을 주의 깊게 들어준다. 이 과정에서 과하다 싶을 만큼 리액션이 뒤따른다. 말하는 사람이 흥이 날 수밖에. 하지만 남자들의 경우는 이와는 다르다.

A 나 뭐 달라진 거 없어?

B, C 모르겠는데?

A 나 삭발했잖아. 삭발을 왜 했냐면….

B 그래서 뭐? 삭발이 대단해? 나도 소싯적에 삭발 많이 했어.

C 야야, 이딴 소리 말고 술이나 마시자.

'삭발'이라는 커다란 변화에도 남성들은 관심을 보이지 않는다. 그들에게 중요한 것은 오직 '나'. 그들은 서로 자기 말을 들어 달라고 애원하다시피 하지만, 들어주는 이는 없다. 다른 이의 고민에 대해 '뭐 저런 거 가지고 난리야'라고 생각하며, 리액션이 없거나 냉소적인 웃음이 고작이다. 이러니 말하는 이도 괜히 말을 꺼냈다고 후회하고, 웬만큼 큰일이 아니면 말을 꺼내지 않으려 한다. 이런 상황에서 여성이 등장한다? 내 말을 들어주고 리액션을 해주는 이가 생겼으니, 말이 하고 싶어질 수밖에. 한 여성의 합류로 인해 술자리가 시끌벅적해진 건 당연한 이치였다.

🔖 여자라는 존재 (1)

루드비크는, 슬펐다. 자신이 억울하게 수용소로 끌려왔으니 말이다. 누군가 이 점에 공감해줬다면 조금은 나았겠지만, 그의 말을 진지하게 들어준 이는 없었다. 다른 이들 역시 사정은 마찬가지겠지만, 루드비크가 힘든 건 다음의 두 가지 이유에서였다.

첫째, 공산당원으로서의 엘리트 의식을 버리지 못했다. 이유가 무엇이든 수용소에 온 이상 현실을 인정하고 거기서 더 잘 살 방법을 모색하는 게 맞지만, 루드비크는 시종일관 이런 식이다. '내가 왜 저렇게 못난 애들과 같이 지내야 하는 거지? 이건 말도 안 돼! 안 된다고!' 실제로 루드비크는 외출에서 만난 여자가 '너는 다른 사람들과 다르다는 게 금방 눈에 띈다'고 했을 때 크게 기뻐한다.

둘째, 루드비크에게는 여자가 없었다. 우리나라 군대를 생각해보자. 아무리 편해졌다 해도 군대는 힘든 곳이다. 하는 일에 대한 정당한 보상도 없는 데다, 루드비크의 수용소와 마찬가지로 군대 역시 남성들만의 공간이지 않은가!

하지만 군인에게 애인이 있다면 어떨까? 그는 이제 외롭지 않다. 그녀에게 군대의 힘듦에 대해 이야기할 수 있고, 그녀로부터 따뜻한 위로를 받을 수도 있으니까. 외박을 나가면 여자친구를 만날 수 있다는 것만으로도 군 생활의 힘듦은 줄어들 수 있다.

《농담》에선 이 얘기가 다음과 같이 묘사돼 있다. 집에 여자가 있는 이들에게는 그 휴지 상태 속에 어떤 끈이 이어져 있는 것과 같다고. 하지만 루드비크는 마르케타와 완전히 관계를 끊은 상태였고, 가끔 오는 편지도 엄마한테 오는 게 전부였다. 물론 그게 전혀 도움이 안 되는 건 아니지만, 엄마가 끈이 될 수는 없는 노릇이었다.

물론 엄마도 여성이고, 아들의 말을 잘 들어준다. 그러나 엄마의 공감은 여자친구의 공감과 결코 같지 않다. 사람들은 엄마에게 일평생 공감과 위로를 구하고, 엄마는 대부분 그 요구에 응해준다. 엄마는 늘 내게 잘해주는 존재다. 우주에 나가기 전까지 공기의 고마움을 모르는 것처럼, 사람들은 엄마의 사랑에 익숙해져 기뻐하지 않는다. 반면 여자친구는 다르다. 언제 남남이 될지 모르는 관계다 보니, 늘 이런 의심을 한다. '내가 그녀를 사랑하는 것만큼 날 사랑할까?' 이런 상황에서 여자친구가 자기 어려움에 공감해주고 위로해준다니, 이때의 기쁨은 엄마가 주는 사랑에 비할 바가 아니다. 그런데 루드비크에게는 여자가 없었으니, 수용소 생활이 얼마나 힘들었겠는가?

그러던 어느 날, 루드비크에게 드.디.어. 여자가 생긴다. 할 일이 없어 방황하던 도중 혼자 영화를 보러 온 여성을 만나는데, 그녀는 루드비크와 종씨인 '루치에'였다. 그녀가 특별히 아름다웠던 건 아니다. "그녀의 모습은 아주 평범했다". 상관없었다. 루드비크에게 중요한 것은 '여자'일 뿐, 미모는 당장 고려할 기준은 아니었다. 루드비크는 혼신의 힘을 다해 그녀와 친해진다. 루치에가 루드비크를 받아들인 것은 그녀 역시 외로움에 시달리고 있었기 때문이지만, 루드비크에게 그런 건 중요하지 않았다. 이 여성이 내 괴로움을 알아주고 성욕도 해결해줄 것이라는 믿음, 루드비크에게 수용소의 힘 듦은 이제 안녕이었다.

🔖 여자라는 존재 (2)

2주마다 루드비크는 루치에를 만났다. 그 이전에는 외출해도 뭘 해야 할지 몰랐었지만, 이제는 2주 내내 루치에와의 만남만 기다리며 살았다. 무언가를 기다린다는 건 분명 고통스러운 일이지만, 기다리는 대상이 있다는 것은 어떤 고통도 견디게 하고, 행복하게 만들어준다. "그때 이후 한 여자를 그토록 많이 생각하고 그토록 고요히 온 마음을 집중했던 적은 다시 없었다. 다른 어떤 여인을 향해서도 나는 그러한 감사의 마음은 결코 느껴보지 못했다." 심지어 루치에는 자신을 갉아먹었던 억울함마저 사라지게 만들었다. 그렇다고 그녀가 그리 대단한 걸 해준 것도 아니었다. "다만 그녀가 내 말을 귀 기울여 들으며 그대로 다 받아들여 주는 데서 오는 것이었다."

루드비크가 여기에 만족했다면 좋았겠지만, 그는 그러지 못했다. 그가 이십 대 초반의, 한창 성욕이 왕성한 나이였기 때문일 것이다. 그는 루치에와 단둘이 있을 기회를 노렸다. 루치에는 공장에서 일하고 있었는데, 루드비크와 만난 날 그녀와 같은 기숙사 방을 쓰던 두 명이 외출을 한 것이다. 안타깝게도 루드비크와 루치에는 생각이 달랐다.

루드비크 기숙사 방까지 들어왔으니, 이건 그린라이트다.
루치에 방에서 둘이 오붓하게 있고 싶다. 하지만 키스 이상은 안 된다.

그 결과는 참혹했다. 루치에의 방에 들어간 지 오 분도 안 지나서, "내가 너무 실망하여 눈물이 복받쳐 올랐던 것을 나는 기억하고 있다".

시도가 좌절된 이후 루치에는 그전까지 허용하던 키스마저 거부한다. 당황한 루드비크는 말로 설득을 시도한다. 난 너를 사랑한다, 사랑이란 아낌없이 몸을 내주는 것이다, 어쩌고저쩌고. 루치에는 애원한다. "제발 부탁이야, 다음에, 정말이야, 나도 원해, 하지만 오늘은 안 돼, 다음번에."

'다음번에는 꼭'이란 약속도 사실 큰 성과였지만, 그 기회는 생각보다 훨씬 더디게 왔다. 이게 기다림 안에 내재된 속성 때문만은 아니었다. 새로 온 중대장이 수용소 노동자들의 정신을 개조하겠다며 2주마다 한 번씩이었던 외출마저 허용하지 않으려 했기 때문이었다. 그동안 루드비크가 얼마나 고통스러웠을지, 소설이지만 마음이 아프다.

결국 루드비크는 가진 돈을 다 써가면서 방 하나를 빌렸고, 감시병과 철조망 등등 갖은 장벽을 넘은 끝에 빈방에서 루치에를 만난다. 욕망을 채울 수 있다면 지금껏 고생한 것은 아무것도 아닐 수 있겠지만, 일은 뜻대로 되지 않았다. "그러나 실패였다. 루치에는 몸을 빼내버렸다." 루드비크로서는 어이없는 상황이었다. 그래서 그는 루치에를 이해해보려고 하는 대신 분노를 폭발시킨다. 분노의 1단계, "나는 그녀를 덮쳤다. (…) 치마를 걷어 올리고, 브래지어를 찢어버리고…" 그러나 루치에가 결사적으로 저항하는 바람에 실패하고 만다. 그래서 분노의 2단계가 등장한다. "나는 그녀의 얼굴을 내리쳤다. (…) 그녀를 혐오한다고, 이제 더 보고 싶지 않다고 고함을 질러댔다." 그리고 나가라고 소리쳤다.

🔖 듣는 능력을 기르자

이 난리의 결과로 루치에는 루드비크를 떠나고, 둘은 오랜 기간 만나지 못한다. 십오 년 뒤에나 이루어진 그 만남도 말 한 마디 나누지 못하는, 스쳐 지나가는 만남이었으니, 한 번도 만나지 못했다고 해도 과언이 아니다. 자신이 수용소에 간 것을 '억울하다'라고만 생각했던 것처럼, 루드비크는 그 후로도 오랫동안 루치에를 이해하려 하지 않는다. 그에게 그녀는 '사랑한다면서 몸도 주지 않은 몹쓸 여자'였다.

그렇다면 루치에는 루드비크를 어떻게 생각할까? 다른 도시로 도망친 루치에는 어떤 농장에서 일하게 되는데, 거기서 만난 K라는 남성에게 루드비크 이야기를 한다. 공허감 때문에 그를 만난 것이지, 결코 그를 사랑한 게 아니다, 그런데도 그는 그녀를 겁탈하려 들며 옷을 찢었기에, 그녀는 이를 뿌리치고 멀리 도망칠 수밖에 없었다고 말이다. "그도 다른 모든 사람들하고 똑같이 못되고 거칠었어요."

K는 '모든 사람들'이란 말에 주목한다. 무슨 일이 있었는지 말해주세요. 루치에는 K의 집요한 설득에 자신의 과거 이야기를 한다. 십 대 시절 루치에는 남자애들 여섯에게 집단으로 강간당했다. 그것도 지속적으로. 얘기를 들은 K는 루치에를 위로해준다. 당신은 용서받았고, 이제 자신을 고문할 필요가 없다, 육체적 관계는 그 자체로 선한 것도 아니고 악한 것도 아니다 등등.

그러던 어느 날, 루치에가 마음을 열었다. 한 번도 웃지 않던 루치에의 얼굴에 미소가 떠오르더니, 그녀의 손이 K의 얼굴에 놓인다. "당신은 정말 좋은 분이세요." K는 유부남에 자식까지 있었지만, 이런 상황에서 도망치는 건 쉽지 않았다. 루치에는 다시 말했다. "당신을 사랑해요." 그다음에 일어난 일은 뻔할 뻔 자다. 그는 루치에에게 키스를 했고, 그녀와 함께 자연의 침대 위에 몸을 뉘었다.

루드비크 입장에서는 억울할 것이다. 아니, 나한테는 그리 모질게 굴더니 유부남이랑 관계를 해? 하지만 둘의 차이는 듣기 능력에서 비롯됐다. 루치에가 자신에게 그랬던 것처럼, 루드비크가 그녀의 말을 잘 들어주고, 하기 싫다는 말에 공감해줬다면 어땠을까? 왜 하기 싫은지 시간을 두고 물어보기라도 했다면? 하지만 루드비크가 한 말은 이런 것뿐이었다. "당장 해!" "왜 안 하려고 해!" "어서 해!" "해! 하자고!"

루드비크는 자신이 좋은 남자라고 생각했겠지만, 남의 말을 들어주지 않는 이런 남자와 잘된다 한들 루치에는 그저 육체의 욕구를 충족시키는 수단 그 이상이 되진 못했을 것이다. 그러니 남성들이여, 자기 말을 하려고만 하지 말고, 듣는 능력을 키우자. 그렇게 된다면 남자끼리의 술자리도 훨씬 재미있을 수 있을 테니까.

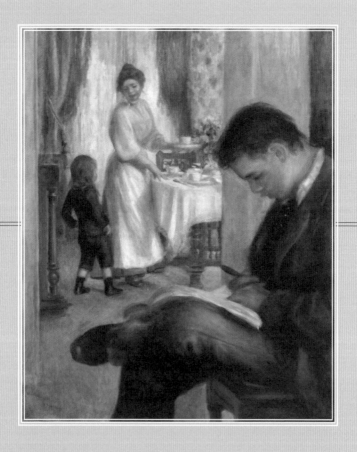

오귀스트 르누아르
베르네발에서의 아침식사(Breakfast at Berneval)
1898

형제들의 전략

《카라마조프가의 형제들》

표도르 도스토옙스키 _ Fyodor Dostoevskii

📖 형제를 알려면, 인내하라

"우리는 피를 나누진 않았지만 형제나 다름없다."

친한 친구끼리 곧잘 하는 얘기다. 그런데 난 '형제' 하면 싸우는 이미지가 먼저 떠오른다. 내가 남동생과 투덕투덕 싸우며 살아온 탓도 있을 테지만, 재산이나 권력 승계를 둘러싸고 싸우는 등 형제간의 갈등을 다룬 뉴스를 많이 본 탓이 클 것이다. 예컨대 조선 건국의 아버지 이성계의 5남으로 태어난 이방원은 왕이 되기 위해 자기 형제들을 살해하는 이른바 '왕자의 난'을 일으켰지 않는가?

물론 자매간이라고 해서 이런 갈등이 덜한 것은 아닐 것이다. 그런데도 자매간의 싸움이 상대적으로 덜 부각된 것은 재산과 권력을 아들에게만 물려주는 풍습이 영향을 미쳤으리라. 러시아의 대문호 도스토옙스키는 형제를 어떻게 바라봤을까? 그가 쓴 《카라마조프가의 형제들》(이하 형제들)을 읽은 것은 이것에 관한 궁금증 때문이었다.

그러나 대문호가 생각하는 형제의 비밀을 이해하기 위해선 엄청난 인내가 필요했다. 민음사에서 나온 《형제들》은 총 세 권으로 구성되어 있다. 각 권당 쪽수도 만만치 않아, 1권이 593쪽, 2권 479쪽, 3권 581쪽이나 된다. 점점 책을 얇게, 심지어 판형마저 작게 만듦으로써 독자들에게 책 한 권을 읽었다는 뿌듯함을 더 자주 선사하려는 요즘 시대에, 이 책을 읽는 건 무모한 도전처럼 느껴진다. 《투르게네프의 햄릿과 돈키호테》라는 책에 따르면, 많은 분량으로 인해 모국인 스페인에서조차 전체 인구의 0.2퍼센트만이 《돈키호테》를 읽었다고 하는데, 그보다 양이 두 배나 많고, 심지어 모국도 아닌 우리나라에서 《형제들》을 완독한 이가 얼마나 있을까 싶다.

상권을 다 읽고 중권을 읽고 있는 중에, 페이스북 친구의 다음과 같은 포스팅을 봤다. "카라마조프가의 형제들을 너무나 감동적으로 읽었다고 자랑한 내 친구는 상·하 권 말고 중권이 또 있다는 사실을 알고 쓰러져버렸다. ㅠㅠ" 그 밑에 달린 댓글을 보면 '나도 중권 안 읽었다' '요즘 트렌드가 중권은 패싱이다' 등이었으니, 그때 내가 한 생각은 '아, 이런 방법이 있는데 난 너무 고지식하구나'였다.

상·중·하를 모두 읽고 난 지금은 생각이 좀 다르다. 분량은 많을지언정, 《형제들》은 다른 고전과 달리 그래도 읽는 재미가 넘치는 편이다. 예컨대, 상권은 자식을 낳는 족족 돌보기는커녕 갖다버리다시피 한 파렴치한 아버지 이야기로 시작한다. '그 자식들이 힘을 합쳐 복수하는 내용인가?' 등등의 상상을 하다 보면 책장이 잘 넘어간다. 그리고 문제가 된 중권은 상·중·하 중 가장 재미있는 파트다. 스포일러이긴 하지만, 중권에선 아버지가 진짜로 살해당하는 장면이 나오는데, 그 동기와 더불어 살해 과정이 자세히 묘사돼 있어 책장이 더 잘 넘어간다. 마지막으로 하권은, 살해범으로 몰린 이가 재판을 받는 내용이다. 수많은 증인의 진술을 바탕으로 살인범을 옭아매는 검찰과 검찰의 논고를 단숨에 무너뜨려 버리는 유명한 변호사의 공방 등등 손에 땀을 쥐게 하는 대목이 많다.

🔖 카라마조프가의 형제들이 힘들었던 이유

뭐야, 그럼 재미있다는 거야? 그렇다. 인터넷서점에 올라온 100자 평에도 '분량 압박은 있지만 내용이 재미있어 술술 넘어간다'라고 되어 있다. 그런데 이 책이 읽기 힘들었던 이유는 가끔씩 곁다리로 빠지는 내용이 많기 때문이다. 제목을 보면 알겠지만, 이 책의 주인공은 드미트리, 이반, 알렉세이로 이루어진 삼형제다. 여기에 문제의 그 아버지 표도르가 나오고, 아버지가 혼외 관계를 통해 낳은 뒤 자기 집에서 하인으로 부리는 스메르쟈코프가 나오며, 아버지와 드미트리가 동시에 좋아하는 그루셴카라는 여성이 나온다. 그리고 둘째인 이반이 사랑하는, 하지만 드미트리와 약혼한 바 있는 카체리나도 중요한 인물이다. 소설이란 결말을 향해 쉼 없이 달려가는 장르, 그렇다면 위에 나온 인물들에 집중하는 게 맞다.

그런데 읽다 보면 결말에서 벗어나는 이야기가 제법 많이 나온다. 아버지 표도르와 큰아들 드미트리의 갈등이 심각해지자 이들 가족은 존경받는 수도원 장로인 조시마에게 중재를 부탁하고, 온 가족이 수도원에 모인다. 여기서 조시마에 관한 미담을 소개하는 건 소설 전개상 필요한 부분일 수 있다. 비록 그 중재는 아버지가 난동을 부리는 바람에 실패로 돌아갔지만, 이게 조시마 장로의 고매한 인격을 훼손하는 건 아니다.

그런데, 2권에서 갑자기 조시마 장로의 일대기, 더 정확히 말하면 '나는 왜 장로가 됐을까?'에 관한 조시마의 회고가 나온다. 대충 이런 내용이다. '난 말야, 원래는 그렇게 좋은 사람이 아니었어. 하지만 결투에서 총을 쏘지 않고 도망침으로써 인생이 바뀌지. 그 뒤 이러이러한 일을 겪으면서 지금의 내가 된 거야. 어때, 대단하지?' 이야기는 충분히 감동적이지만, 이 책의 큰 줄기에서는 벗어난다. 장로의 회고담이 차지하는 분량이 중권 처음부터 99쪽까지다.

그다음 내용이 조시마 장로의 죽음이다. 원래 몸이 좋지 않아 상권부터 오늘내일했으니, 이상할 건 없다. 그다음, 중권 100쪽부터는 장로의 장례 이야기가 나온다. 존경받는 장로 이니 사람들은 시체가 썩지 않거나 그에 준하는 신비한 일이 일어나길 기대했지만, 시체에서는 썩는 냄새가 진동을 했다. 알렉세이를 비롯해 그를 따르는 이들은 괴로워하고, 조시마 의 명성을 질투하는 사람들은 '그것 봐. 그 장로, 명성만 있지 사실 그리 의로운 사람이 아니라니까'라고 흉을 본다. 조시마 의 죽음은 수도원에서 수행을 하던 알렉세이가 속세로 내려 오는 계기가 되니 언급할 만도 하지만, 아무리 그래도 중권의 삼분의 일 가까이를 조시마 장로에게 할애하는 건 좀 뜬금없 이 느껴졌다.

그리고 하권은 '콜랴 크라소트킨'이라는 소년의 이야기로 시작한다. 그 이전에 잠깐 등장한 바 있지만 그다지 비중 있 는 역할이 아니었기에 '얘는 또 뭐야?' 하는 의문이 들었다. 게다가 중권의 마지막은 큰아들 드미트리가 아버지를 살해 했다는 혐의를 받고 체포되는 것으로 끝나니, 소년의 등장이 더 뜬금없게 느껴질 수밖에. 오죽하면 책을 잘못 집은 줄 알 고 이게 하권이 맞는지 확인하기까지 했겠는가? 그런데 콜랴 라는 소년의 이야기는 그가 자신의 집을 향해 빠른 걸음걸이로 걸어가는 111쪽까지 계속됐다. 물론 소년은 매우 독특한 캐릭터고, 그가 잘난 체하는 모습에는 귀여운 구석도 있지만, 도대체 이 싸가지 없는 소년을 왜 알아야 하는지 이해가 가지 않았다.

내가 《형제들》을 유독 힘들어했던 건, 이런 쓸데없는 이야기로 인해 책이 두꺼워졌다는 원망 때문이었던 것 같다. 혹시 이 책을 읽을 사람들에게 말씀드린다. 조시마 장로의 이야기는 그래도 배울 점이 있으니 읽어도 무방하지만, 하권 시작부터 111쪽까지는 건너뛰어도 된다고.

🔖 드미트리는 인간 말종이다

이제부터 이 책의 주제인 '삼각관계'에 대해 이야기해보자. 드미트리와 아버지 표도르는 동시에 그루셴카를 사랑한다. 드미트리로서는 아버지가 연적이라는 게 기분이 좋을 리 없는데, 여기에 더해 그는 아버지가 자기 몫의 돈을 주지 않고 있다고 생각한다. 딱 한 번 6,000루블을 받았고, 그때 드미트리는 '더 이상 아무것도 요구하지 않겠다'고 했지만, 곧 그 돈을 흥청망청 써버리고 만다. 그래서 드미트리는 '아무리 그래도 6,000루블은 터무니없이 적다'며 불만을 갖는다. 돈이 있어야 그루셴카와 더불어 새 인생을 살 테지만, 아버지는 드미트리에게 돈을 더 줄 생각이 없다. 남자 간의 갈등이라는 게 대부분 여자 아니면 돈 문제인데, 드미트리와 표도르는 이 두 개가 다 걸려 있으니, 조시마 장로 앞에서 아무리 토론을 해본들 화해가 성사될 리 없다. 그 회합은 애초에 파국으로 끝날 수밖에 없었다는 얘기다.

사랑에서 중요한 것은 상대방의 마음, 그렇다면 그루셴카가 더 좋아하는 사람은 누구일까? 책에서는 드미트리의 외모를 다음과 같이 묘사한다. "중키에 호감이 가는 얼굴을 지닌 스물여덟 살의 젊은이." 반면 표도르의 외모는 다음과 같다. "의심과 냉소가 가득 든 그의 조그만 두 눈 밑에는 고깃덩어리 같은 기다란 자루가 달려 있었으며, 작지만 기름기 좔좔 흐르는 얼굴에는 수많은 주름들이 깊게 잡혀 있었고…." 그 뒤에 나오는 서술도 만만치 않아, "음란하고 긴 입, 부은 듯 통통한 입술, 거의 다 썩어 빠진 새까만 이들" 같은 표현이 이어진다. 게다가 그루셴카는 이제 이십 대 초반이지만 표도르는 무려 쉰다섯, 여기까지만 본다면 드미트리의 압승이 예상된다.

그러나 표도르에게는 많은 재산이 있다. 표도르는 그루셴카가 자신을 찾아오기만 하면 3,000루블—지금 가치로 따진다면 6,000~8,000만 원 정도라고 한다—을 주겠다고 공언하고, 진짜로 그 돈을 봉투에 싸놓고 그녀가 찾아오기만을 기다린다. 이런 상태에서 그루셴카가 어느 한쪽을 택하는 일은 쉽지 않았다. 현실의 삶에서 돈을 무시할 수는 없는데, 그루셴카 역시 돈이 많지 않아, 다른 노인에게 빌붙어 사는 신세이기 때문이다.

그런데 이런 상황에서 표도르가 죽으면 어떻게 될까? 그의 재산은 어림잡아 12만 루블 정도로 추정되며, 세 아들이 유산을 골고루 나누면 각자 4만 루블을 차지할 수 있다. 이 돈이면 드미트리와 그루셴카는 행복할 수 있으니, 드미트리에게는 아버지를 살해할 동기가 충분하다. 어떻게 아버지를 죽이냐고 하겠지만, 드미트리의 재판에서 변호사는 표도르가 제대로 된 아버지가 아니라고 말한다.

— 아버지란 자식을 낳고서 아버지 구실을 똑바로 한 사람을 말한다, 하고. 오, 물론 '아버지'라는 말에는 다른 뜻, 다른 해석도 있기 때문에 비록 나의 아버지가 아이들에게 있어 불한당이나 다름없는 악당이라 할지라도 나를 낳아주었다는 이유만으로도 어쨌거나 나의 아버지다, 하고 주장하는 측도 있습

니다. 하지만 이런 뜻으로 해석하는 것은 이미, 말하자면, 신비주의적인 것으로서, 저로선 이성으로 이해하지도 못하겠거니와 (…) 제 구실을 못하는 아버지의 모습을 보면 (…) 청년은 어쩔 수 없이 고통스러운 물음들을 던지게 됩니다 (…) 대체 왜 내가 그를 사랑해야 하는가, (표도르는) 나를 낳기만 했지 그 이후 평생 동안 나를 사랑해주지도 않았는데?

변호사 말대로 표도르는 나쁜 아버지였기에, 드미트리가 범행을 결심할 때 양심의 가책을 덜 느꼈을 수 있다. 여기에 운명의 도움도 있었다. 둘째 이반이 형의 거사에 걸림돌이 되지 않도록 운명의 그날 자리를 피해준 것이다. 결국 드미트리는 손에 공구를 들고 아버지의 집으로 간다.

만일 일이 잘돼서 그루셴카와 드미트리가 새 출발을 했다면, 그 둘은 행복할 수 있었을까? 내가 보기에 세 형제 중 드미트리는 반려자로서는 거의 최악이다. 그는 일단 너무 다혈질이다. 길을 가다 시비가 붙어서 모 대위를 두들겨 팬 것도 그렇고, 아무리 해준 게 없다 해도 아버지를 두들겨 패고 또 죽이려고까지 한 것은 선을 넘었다. 이런 이가 자기 마누라고 때리지 않을까? 그루셴카가 다른 남자한테 예의상 미소라도 지었다간 어떤 일이 벌어질지는 충분히 예상이 가능하지 않은가?

게다가 그는 낭비벽이 심해서, 수중에 돈이 있으면 일단 써버리고 본다. 이는 그가 하룻밤에 1,500루블을 써버리는 장면으로 짐작할 수 있다. 포도주를 잔뜩 사서 사람들에게 돌리고, 누가 돈을 달라고 하면 몇 루블씩 아낌없이 줘버렸지 않은가. 돈이 많지도 않은 처지에 이런 짓을 하는 걸 보면 4만 루블이 있어도 얼마 안 가서 모두 탕진해버릴 것 같다. 놀라운 것은 이 광경을 옆에서 본 그루셴카의 태도였다. 자신에게 키스를 퍼붓는 드미트리에게 그루셴카는 이렇게 말한다. "난 당신이 짐승 같은 구석이 있지만 그래도 고결한 사람이라는 거 알고 있어. (…) 나를 데려가줘, 멀리 데려가는 거야." 여기서 보듯 도스토옙스키가 살던 19세기 중반, 러시아 여성들에게는 짐승남이 잘 먹혔나 보다.

🔖 여자의 마음을 얻는 법

드미트리가 그루셴카를 사랑했고 결국 뜻을 이뤘다는 대목을 읽고 나면, 다음과 같은 의문에 휩싸이게 된다. "어? 뭐지? 아까 드미트리에게 약혼자가 있다고 하지 않았나?" 맞다. 짐승남 드미트리는 카체리나의 마음까지 사로잡았다. 카체리나에 관해 잠시 언급해보자. 중령의 둘째 딸인 그녀는 아름다움을 겸비한 재원으로 미인치고도 정말 빼어난 미인으로 수도의 한 귀족 학교를 마쳤다고 서술되어 있다.

당연히 뭇 남성들의 관심이 그녀에게 쏠렸다. 이렇듯 경쟁이 치열한 상황에서 드미트리가 쓴 전략은 바로 '무관심 전법'이었다. 1단계, 사교계에서 드미트리를 만났을 때 카체리나는 '쟤도 내 미모에 홀딱 빠졌군!'이라고 생각했지만, 드미트리는 그녀에게 접근하지 않는다. 오히려 '내가 너한테 왜 관심을 두겠어?'라는 시선을 던진다. 여자는 그가 괘씸하다. '저 자식은 도대체 뭐야?'

이제 2단계다. 카체리나의 아버지인 중령이 공금횡령 혐의를 받게 됐다. 액수는 4,500루블인데, 당장 갚지 못하면 재판에 회부될 위기였다. 그 당시에는 드미트리가 아버지 표도르로부터 6,000루블을 받은 직후라 갚아줄 능력이 됐다. 드미트리는 평소 친분이 있던 카체리나의 언니에게 자신이 4,500루블을 그냥 주겠다고 말한다. 물론 조건이 있었다. 그녀의 동생, 즉 카체리나를 자신에게 보내라는 것이다. "비밀은 맹세코 지키겠습니다."

언니는 그 말을 듣자 펄쩍 뛴다. 무슨 소리를 하는 거냐, 이야비한 인간아! 너, 지금 돈을 미끼로 내 동생을 어떻게 해보려는 거잖아? 언니는 자리를 박차고 나가버렸지만, 4,500루블의 유혹은 그녀를 계속 괴롭혔다. 아버지인 중령이 돈 때문에 자살 소동까지 벌이자 언니는 생각한다. 아무리 치욕스러워도 아버지는 구해야 하지 않을까? 결국 그녀는 동생 카체리나를 드미트리에게 보낸다.

여기서 우리는 다음과 같은 장면을 떠올리기 마련이다. 돈을 주는 대가로 드미트리가 카체리나의 몸을 취하는 장면을. 나 역시 그렇게 생각했기에, 이어지는 전개에 살짝 당황했다. 카체리나가 말한다. "언니가 당신이 저에게 4,500루블을 줄 거라더군요. 이렇게 제가 왔으니 돈을 주세요."

물론 드미트리는 당연히 그녀를 취할 생각을 한다. 그녀는 아름다워도 너무 아름다웠으니까 말이다. 그러나 곧 드미트리는 깨닫는다. 여기서 저 여자와 잠자리를 한다면 그게 마지막이 될 것이라는 사실을. 그렇지 않겠는가? 돈을 빌리는 대가로 몸을 희생한다는 건 얼마나 치욕스러운가? 그래서 드미트리는 5,000루블짜리 수표에 사인을 한 뒤 카체리나를 보내준다. 정중한 인사와 더불어서.

그 뒤 카체리나는 친척으로부터 무려 8만 루블을 상속받게 되고, 드미트리에게 4,500루블을 갚음과 동시에 이런 말을 한다. "미칠 듯이 사랑해요. 설사 당신이 나를 사랑하지 않는다고 해도 상관없으니, 부디 제 남편이 되어주세요." 정말 가관인 것은, 오만하기 짝이 없던 카체리나가 '당신의 가구가 되겠다' '당신이 밟고 다닐 양탄자가 되겠다' 같은 말로 구애를 한다는 것이다. 결국 둘은 약혼하게 된다.

다음과 같은 가정을 해보자. 드미트리가 그날 카체리나를 범했다면, 이런 일은 일어나지 않았을 것이다. 하지만 드미트리의 금욕적인 태도는 카체리나를 감동시켰고, 그를 사랑하게 만들었다. 왜? 드미트리는 자기 미모만 보고 달려드는 뭇 남자들과 달랐으니까.

물론 다음과 같은 설명도 있을 수 있다. 드미트리의 재판정에서 카체리나가 증인으로 출석했을 때, 사람들은 이런 식으로 수군댔다. "장교(드미트리)가 그저 공손히 몸을 숙이며 과년한 처녀를 그냥 놓아주었다는 대목은 영 엉터리일지도 모른다, 여기에는 뭔가가 생략된 부분이 있을 것이다." 아무리 아버지를 구하는 일이라 해도 과년한 처녀가 그렇게 처신해선 안 된다는 비난까지 있었으니, 정절을 중시하는 당시 분위기에서 카체리나가 다른 남자를 만나는 게 쉽지 않았을 테고, 그래서 드미트리에게 매달렸다고 말이다.

하지만 이렇게 치부하고 넘어가긴 어려운 것이, 나중에 드미트리가 그루셴카에게 빠진 뒤에도 카체리나는 여전히 드미트리를 사랑했기 때문이다. 유죄판결을 받고 복역 중인 드미트리에게 찾아온 카체리나는 이렇게 말한다. "당신도 지금 다른 여자를 사랑하고, 나도 다른 남자를 사랑하지만, 어쨌거나 나는 당신을, 당신은 나를 영원히 사랑할 거야."

여기서 말하는 '다른 남자'는 둘째 이반으로, 그는 드미트리와 카체리나 사이의 심부름을 하다가 그만 사랑에 빠졌다. 그루셴카-드미트리-카체리나에 이은 드미트리-카체리나-이반의 또 다른 삼각관계가 만들어졌지만, 그 와중에도 복역 중인 드미트리에게 저런 말을 하는 걸 보면, 짐승남에 대한 선호도는 그 시절에도 있었던 모양이다.

🕮 달그림자 이론

드미트리가 짐승남이었던 것이 카체리나의 사랑을 얻는 데 도움이 된 것은 맞겠지만, 결정적 역할을 한 것은 드미트리의 무관심 전법이었다. 사실 난 오랫동안 드미트리가 카체리나에게 쓴 전법을 써왔다. 마음에 드는 여성이 있어도 무관심한 척하면서 그녀가 내게 먼저 다가오길 기다렸다는 얘기다.

내가 먼저 다가가면 그녀는 저 멀리 도망가서 나타나지 않을 테니, 이 전법을 쓰는 건 당연해 보였다. 이것 역시 드미트리처럼 '호감형'이 써야 더 잘 먹히겠지만, 드미트리는 저돌적인 방법도 쓸 수 있는 반면 나에게는 이게 거의 유일한 전략이었다. 그래서 몇 달, 안 되면 몇 년이라도 기다렸다. 그녀에게 다른 남성이 생기면 그냥 포기했고, 헤어지면 다시 기다림을 계속했다. 그래서 내게 다가온 여성이 있었냐고? 놀랍게도 그렇다. 외모에 끌리는 여성이 더 많겠지만, 잘생긴 남자에게 상처를 받은 여성 중 일부는 '착함'을 선택하기도 했으니까.

물론 내가 그렇게까지 착한 게 아님을 알고는 금방 떠나긴 했지만, 이 경험을 발판으로 내가 정립한 것이 바로 '달그림자 이론'이다. 맑은 호수에 달그림자가 비친다. 이 그림자를 잡으려고 물에 뛰어들면 그림자는 없어져버린다. 하지만 달그림자에 관심이 없는 듯 초연한 자세를 취하면, 호수에 있던 달그림자는 뭍으로 나와 내게로 안긴다, 뭐 이런 내용이다.

너무 추상적이라고? 자, 당신은 지금 카페에 혼자 앉아 있다. 그때 카페 문이 열리고 카체리나 같은 절세 미녀가 들어온다. 카페 안 남성들의 시선이 다 그리로 쏠린다. 일부는 침까지 흘릴지도 모른다. 하지만 그녀로서는 이런 일을 너무 많이 겪어서 아무런 감흥이 없다. 자, 이때 자신에게 시선을 돌리지 않는 남자가 있다면 어떨까. 카체리나가 그랬던 것처럼 그녀도 '쟤는 뭔데 나를 안 봐?'라며 분개할 것이다. 그 뒤 그녀는 그에게 관심을 갖게 된다. 그 관심은 바로 사랑의 시작이 된다.

사랑에 목마른 청춘들을 만났을 때마다 난 이 달그림자 얘기를 해준다. "여러분, 카페에 미녀가 들어오잖아요? 보고 싶겠지만 참으세요. 그 대신 천장에 매달린 샹들리에를 보세요. 어느새 그녀가 당신의 옆에 앉아 있을 겁니다."

그럴듯하지 않은가? 안타깝게도 내 이론이 도움이 됐다는 사례는 아직까지 들은 바가 없다. 내 한참 후배는 언젠가 전화를 걸어 이렇게 따졌다. "저 형님, 도대체 샹들리에는 언제까지 봐야 하나요? 계속 보는데 아무 일도 안 생기는데요?"

하지만 드미트리의 얘기를 읽으며 난 달그림자 이론이 전혀 근거가 없는 게 아님을, 좀 더 발전시켜나갈 이론임을 알 수 있었다. 이것이야말로 《형제들》을 읽은 수확이다.

앞에서 한 얘기를 보충하면서 이야기를 끝맺자. 젊을 때, 남동생과 투덕투덕하며 싸우던 그 시절에는 동생이란 존재가 귀찮기도 했다. 하지만 나이가 드니까 남동생의 존재가 점점 더 소중하게 느껴진다. 피를 나눈 사이라는 게 어떤 의미인지 깨닫게 되고, 어릴 적에 좀 잘해줄 걸 그랬다며 후회도 한다. 뭐, 100세 시대라니 앞으로 미안함을 갚을 기회가 제법 남았으리라.

내가 이런 생각을 하는 것처럼, 드미트리의 형제들 역시 위기가 닥치자 나름의 형제애를 보여준다. 살인죄를 심판할 재판정에서 둘째 이반은 "아, 몰라. 스메르쟈코프가 범인이야!"를 주야장천 외쳤고, 셋째 알렉세이는 형이 무죄임을 철두철미하게 확신한다고 증언한다. 근거는 있을까? "형님의 얼굴을 보면 거짓말을 하는 게 아니라는 걸 알 수 있었습니다."

가해자의 가족이 말도 안 되는 궤변으로 가해자를 감싸서 공분을 일으키는 일이 종종 있다. 이럴 때 사람들은 그 가족까지 욕한다. '가족들이 저 따위니 저런 범죄자가 만들어진 거야.' 이 비유가 극단적이긴 하지만 가족이란, 그런 존재다. 세상이 다 나를 손가락질해도 유일하게 나를 믿어주는 사람들, 그것이 가족이 아닌가. 형제에 대해, 그리고 가족에 대해 다시 생각하게 됐다면, 그리고 달그림자 이론을 섭렵하게 됐다면, 인내심을 발휘해가며 이 책을 읽을 가치는 충분하지 않겠는가?

청년은 어쩔 수 없이 고통스러운 물음들을 던지게 됩니다.
왜 내가 그를 사랑해야 하는가,
나를 낳기만 했지 그 이후 사랑해주지도 않았는데?

젠틸레 다 파브리아노,
콰라테시 제단화 난파하는 배를 구하는 성 니콜라스
(Quaratesi Altarpiece, St. Nicholas saves a storm tossed ship)
1425

11

사후 세계는 우리 삶에 어떤 영향을 미칠까?

《신곡》

단테 알리기에리 _ Dante Alighieri

📖 전화번호부의 추억

아주 오래 전, '전화번호부'라는 게 있었다. 지역별로 사람 이름과 전화번호, 그리고 집 주소까지 나와 있는 책인데, 한국통신에서 전화 가입자들에게 무료로 나눠줬다. 지금 같으면 개인정보 유출이라며 펄펄 뛸 수도 있겠지만, 그 당시에는 아무도 여기에 이의를 제기하지 않았던 것 같다. 인구가 적은 지역은 좀 다르겠지만, 인구가 많은 서울 전화번호부는 그 두께가 상상을 초월했다. 나무위키를 보니 2,000페이지까지 됐다는데, 그러다 보니 차력사들이 자기 힘을 자랑할 때 하는 퍼포먼스 중 하나가 전화번호부를 찢는 일이었다고 한다.

여가 시간을 빼앗을 도구가 넘쳐나는 지금, 사람들은 늘 뭔가를 하기 바쁘다. 심지어 걸어 다닐 때조차 스마트폰을 볼 정도인데, 스마트폰은 물론이고 개인용 컴퓨터조차 없던 그때, 사람들은 매우 심심했다. 당시 전화번호부는 아이들이 정할 일이 없을 때 찾아보는 일종의 놀이 기구였다. 그 시기 나의 궁금증 중 하나는 전화번호부 맨 앞에 나오는 사람이 누구인가였다. 가나다순으로 나와 있으니 '강'으로 시작하는 이름이 그 자리를 차지할 것 같은데, 세상은 그리 만만치 않았다. 역시 나무위키에 따르면, '가갑손' '가갑선' 같은 이름이 맨 앞에 나왔다고 한다. 또 '서민'이라는 특이한 이름이 대한민국에 나 말고도 또 있나 싶어 찾아본 적이 있는데, 한 명이 있었던 기억이 난다. 나중에 안 사실이지만 모 게임회사 전 대표와 지금은 퇴임하신 충남대 법대 교수님이 나와 같은 이름을 쓴다.

이 밖에도 유명 연예인을 찾아보는 등의 놀이 비슷한 일을 전화번호부로 했던 기억이 난다. 한 삼십 분 정도 가지고 놀면 더 할 게 없어서 팽개치곤 했는데, 하기야 사람 이름과 그 정보만 나열된 책이 무슨 재미가 있겠는가? 그런데 누군가가 전화번호부를 처음부터 끝까지 다 읽으라고 명령한다면? 읽는 순간이 고통 그 자체일 것이다.

🕮 신곡이 고통스러웠던 이유 (1): 무식

단테가 쓴 《신곡》을 읽는 동안 난 과거에도 하지 않았던, 전화번호부를 정독하는 느낌을 받았다. 《신곡》은 단테가 지옥과 연옥, 그리고 천국을 다니며 사람들을 만나는 이야기다. 《신곡》의 주인공이 단테 자신이니, 단테는 이왕이면 유명한 이를 길잡이로 삼고 싶었을 것이다. 그래서 등장한 이는 베르길리우스(Publius Vergilius Maro). 기원전에 살았던, 로마 최고의 시인이란다. 그의 대표작은 《아이네이스》로, 로마 건국의 기초를 다진 영웅의 이야기다. 우리나라로 따지면 단군신화를 쓴 분일 텐데, 이탈리아 사람들이 단군신화를 모르는 것처럼, 나도 로마를 누가 세웠는지 관심이 없다. 《아이네이스》를 모르는데, 베르길리우스는 어떻게 알겠는가?

베르길리우스 대신 대중적으로 알려진 네로 황제와 같이 다녔다면 좋았을 뻔했다. 예컨대 불에 타고 있는 사람을 보면 네로가 이렇게 말하는 거다. "지옥불의 스케일이 별로 크지 않네? 나 때는 말이야…."

그래도 유명 작가인 단테가 자신의 멘토로 여긴 사람이니, 베르길리우스 정도는 넘어갈 수 있다고 치자. 단테와 베르길리우스는 지옥을 비롯한 세 곳을 다니며 수백, 아니 천 명도 넘는 사람들을 만난다. 그 대부분은 내가 처음 들어본 사람들이다. 물론 내가 무식해서 그 사람들을 모른다는 것도 맞는 얘기다. 그렇다면 다음 구절은 어땠을까. "늙은 티토노스의 아내는 벌써 달콤한 제 남편의 품에서 벗어나 동쪽 발코니에 새하얀 모습을 드러냈다."

막연하게 해가 뜬다는 얘기구나 싶었지만, 티토노스가 누군지 모르니 답답해진다. 검색을 해보니 재미있는 스토리가 나온다. 티토노스는 새벽의 여신 에오스의 남편으로, 원래 왕의 아들, 그러니까 왕자였다가 에오스에게 납치당해 강제로 남편이 됐다. 신이라고 막 나가네, 이런 생각을 하려는데 알고 보니 에오스는 제우스에게 부탁해 티토노스를 영원히 살게 했다고 한다. 이 정도면 에오스도 티토노스를 진심으로 사랑한 거 아닌가, 이런 생각을 하려는데, 에오스는 영원한 젊음도 함께 달라는 걸 깜빡했고, 그 바람에 티토노스는 죽지도 못한 채 하염없이 늙어간다.

부부 중 한쪽만 늙는다니, 어쩌면 이건 세상에서 가장 무서운 형벌일 수 있다. 드라마 〈별에서 온 그대〉의 천송이(전지현)도 도민준(김수현)이 외계인이라 평생 그 얼굴 그대로라는 사실을 알자 태산 같은 걱정을 하지 않았는가? 그리스 신화에 따르면, 에오스는 늙어버린 그가 보기 싫어 창고에 가두고, 슬픔에 잠긴 그가 걸핏하면 흐느끼자 그를 매미로 변하게 한다. 갑질의 무서움과 더불어 피부 관리의 중요성도 깨닫게 해주는 교훈적인 스토리인데, 이게 주제가 아니니 넘어가자.

내가 그리스 신화에 정통했다면 '늙은 티토노스의 아내'가 무엇을 의미하는지 대번에 알았을 테고, 해가 뜬다는 사실을 이렇게 멋지게 표현하는 단테의 능력에 감탄했을 수도 있다. 그런데 티토노스를 생판 처음 들어보니, '이건 또 누구야?'라고 짜증을 내며 검색을 할 수밖에.

어쨌든 티토노스를 모르는 건 내 탓이라고 하자. 다음 구절을 보자. "다른 두 망령이 그를 바라보다가 소리쳤다. '저런, 아뇰로. 네 몸이 변하고 있어!'"

아뇰로는 또 누구인가? 책에서는 아뇰로의 몸이 뱀 비슷한 괴물로 바뀌는데, 그 과정을 일곱 쪽에 걸쳐 묘사해놨다. 중요한 인물인가 싶어 검색해보니 '아뇰로 브론치노'(Agnolo Bronzino)라는 이탈리아 화가가 나온다.

그런데 이 사람은 1503년생이고, 단테가 지옥을 답사한 건 1300년의 일이니, 그 아뇰로일 수가 없다. 이럴 때를 대비해서 《신곡》 각 권마다 '옮긴이의 주'라는 각주를 붙여놓은 것일 터, 거기서 확인해보니 아뇰로는 '피렌체의 도둑이란 것 외에 알려진 것이 없다'고 되어 있다. 이걸 보면 그저 허무해진다. 칠백여 년 전에 살던 도둑의 이름을 내가 알아야 해?

🔖 신곡이 고통스러웠던 이유 (2): 많은 등장인물

이런 경우는 한두 번이 아니어서, 단테가 만나는 이들은 대부분 알 필요가 전혀 없을 만한 인물들이다. 단테와 정치적으로 반대파인 사람, 단테의 친구, 당시 통치자 등등 정말 많은 사람이 나오니, 내가 괜히 '전화번호부 읽는 느낌이다'라고 얘기한 게 아니다. 그러다 보니 책을 읽는 내내 '얘는 또 누구지?'라며 각주를 찾아야 했다. 각주가 없었다면 책을 읽는 것 자체가 불가능했으니 옮긴이 박상진 교수에게 감사드리지만, 한 페이지에 최소한 서너 번씩 책 뒤를 뒤적이다 보니 진도가 잘 나가지 않았다.

흔히 신곡은 1권인 지옥편이 제일 재미있고, 갈수록 지루해진다, 라고들 말한다. 지옥에서 사람들이 벌 받는 걸 보는 게 천국에서 한가롭게 거니는 풍경보다 더 흥미롭긴 하다. 하지만 지옥편이 잘 읽히는 게 꼭 이 때문만은 아니다. 신곡을 읽을 때 독자는 당연히 지옥편부터 읽게 마련이다. 이때의 각오는 어떨까? '아, 내가 드디어 신곡을 읽는구나. 이거 읽으면 나도 어디 가서 책 좀 읽는다고 자랑할 수 있겠지?' '세 권이라 좀 많아 보이지만, 힘내자. 이 책을 완주하지 못하면 험난한 일이 많은 인생을 잘 살기 어렵다고.'

그 각오는 지옥편을 다 읽을 때쯤 무뎌지다가 연옥편을 읽을 때면 기계적으로 책장을 넘기고, 모르는 사람이 나와도 각주를 찾아보지 않게 된다. '어차피 중요한 사람도 아닐 텐데 뭐.' '그래, 나 만토가 누군지 모른다. 어쩔래?' 내 경우를 말하자면, 연옥편을 읽고 난 뒤 천국편을 집어 들기까지 꽤 시간이 걸렸다. 세상의 모든 책이 다 지긋지긋하게 느껴지기 시작했으니까. 출판 담당자가 "원고가 너무 늦습니다"라고 독촉을 했지만, 어쩌겠는가. 읽고 써야지.

막상 시작한 천국편은 생각보다 빨리 끝났다. 당연하다. 어차피 읽어도 모르고, 억지로 머리에 넣어봤자 며칠 지나면 다 까먹을 텐데, 하는 생각이 드니까 무성의하게 읽게 됐다. 게다가 베아트리체 찬양이 어찌나 많이 나오는지, 빈정이 상하기까지 했다. 시작 전에는 세 권을 다 읽으면 얼마나 기쁠까 싶었는데, 이렇게 끝내니 좋지도 않았다. 완독보다는 차라리 담배 끊는 게 더 쉽다고 느꼈을 정도다. 신곡을 쓰기 전의 단테를 만날 수 있다면 이렇게 부탁하련다. "저 단테 씨, 그러지 말고 중요한 사람 백 명 정도만 추려서 그들과 많은 이야기를 나누는 식으로 해주면 안 될까요?"

📖 신곡이 고통스러웠던 이유 (3): 수많은 은유

은유와 비유는 글을 멋있게 만들어준다. 배가 굉장히 고프다는 것보다, 뱃가죽이 등에 붙었다는 표현이 좀 더 세련돼 보이지 않는가? 게다가 이 기법들은 독자의 이해를 돕기도 한다. 회충의 모양을 보이는 대로 설명해봤자 별로 와닿지 않지만, '회충이 뭉쳐 있는 게 도라지 무침하고 비슷해 보였다'라고 하면 느낌이 딱 오듯이 말이다. 문제는 그 정도일 것이다. 비유와 은유도 웬만큼 섞어야지, 거의 모든 문장을 다 비유로 만드는 건 읽는 데 도움도 안 될 뿐 아니라 진도 나가는 것도 방해하기 마련이다.

바로 《신곡》이 그렇다. "꼭대기는 너무 높아서 시선조차 닿지 못했고 비탈은 가파르게 솟아 있었다. 그 가파름은 사분원의 중심에서 가운데에 이르는 선보다 더했다." 이 대목에서 사분원을 그리고 원의 중심에서 사분원 가운데로 선을 그어봤다. 그러고는 고개를 끄덕였다. 아, 기울기가 이 정도구나! 여기서 단테를 원망한 것은 아니다. 그냥 가파르다고 한 것보다는 이 표현이 훨씬 더 고급스럽게 보였으니까. 하지만 다음은 어떨까.

"이지러지는 달이 제 잠자리로 돌아와 다시 누운 뒤에야 우리는 마침내…" 이걸 봤을 땐 그저 멍했다. 달이 잠자리로 돌아와? 그리고 누워? 안 되겠다 싶어 주석을 봤다. 거기에는 이렇게 쓰여 있었다. "보름달로부터 나흘이 지났고 달은 해에 비해 매일 오십 분씩 늦기 때문에 달은 해가 뜬 지 약 네 시간 후에 진다. 따라서 지금은 대략 아침 열 시다."

이 설명을 보고 내가 감탄했을까? 아니다. 그냥 짜증이 났다. 그냥 아침 열 시라고 하면 될 걸 왜 저렇게 표현하지?

그 뒤에도 비슷한 얘기가 나온다. "낮의 시녀들 네 명은 벌써 뒤에 남았고, 다섯 번째 시녀가 키를 잡고 타오르는 뿔을 바짝 치켜들고 있었다." 주석을 보니 해가 뜬 지 네 시간이 지났다는 뜻이란다. 시간을 이렇게 매번 다르게 표현하는 건 대단한 능력이지만, 아무래도 단테는 매우 현학적인 인간인 듯했다. 이봐, 단테 씨. 당신 아는 것 많다고 독자들을 이렇게 괴롭혀도 되는 거야? 다음은 현학의 하이라이트다.

"진정, 법은 있소. 그런데 누가 법을 지키고 있소? 아무도 없소. 앞에서 이끄는 목자는 되씹기는 하지만 갈라진 발굽은 가지지 못했소."

주석 없이 이 문장을 이해할 이가 대체 얼마나 될까? 목동이 양을 치다가 발을 다쳐서 연옥에 온 건가? 친절한 옮긴이는 이를 다음과 같이 해석해줬다. '목자'는 교황을 뜻하며, "교황이 음식을 되새김질하는 양과 같지만 양의 갈라진 발굽은 갖지 못했다는 것은 겉으로는 정통성을 지닌 듯이 보이지만 사실은 스스로가 권력을 넘어서서 세속의 권력까지 탐한다는 의미다."

추리소설에서 범인이 누군지 탐정이 말해줄 때 독자들은 카타르시스를 느낀다. 하지만 《신곡》에선 난해한 문장을 해석한 주석을 읽으면 심신이 피폐해진다.

🕮 잣대의 애매함

다른 걸 다 떠나서 주장하는 바가 공감이 간다면 참을 수 있겠다. 이 책은 단테가 생각하는, 죄지은 이들의 사후 처벌에 관한 이야기다. 그런데 그 잣대가 순전히 자기 마음대로라, 전혀 공감이 가지 않는다. 자신과 안 친하거나 정치적으로 반대 입장에 있다는 이유로 지옥에 보낸다면, 누가 이걸 공정하다고 하겠는가? 책에 나오는 예를 적으니, 한번 판단해보라.

① **자살:** 기독교에서 자살을 죄악시하는 건 널리 알려진 사실이고, 단테 시대에도 그건 마찬가지였을 것이다. 그런데 지옥편 5곡에 나오는 '디도'는 참작의 여지가 있다. 디도는 공주로 태어났지만, 왕권을 독차지하려는 오빠가 디도의 남편인 시카이오스를 죽인 뒤 그녀마저 죽이려 하자 도망친다. 아프리카에서 원주민의 왕으로부터 땅을 조금 얻어 카르타고라는 도

시를 세운 디도는 그곳을 활기찬 도시로 성장시킨다. 그런데 원주민의 왕이 그녀에게 결혼하자고 한다. 첫 남편 사망 후 재혼하지 않겠다고 맹세한 디도는 그 요청을 거절하지만, 왕은 계속 그러면 카르타고를 침략하겠다고 협박한다. 결국 디도의 선택은 불 속에 뛰어들어 죽는 것이었다. 이게 디도의 잘못일까? 그런데 단테는 디도를 지옥에 보낸다.

"저길 봐라! 저 여자는 사랑 때문에 자살했으며 그로써 시카이오스의 주검을 배신했다."

② **신앙을 갖지 않음:** 신을 믿는 사람이라고 해서 다 착한 것은 아니다. 반대로 신을 안 믿는다 해서 다 악인은 아니다. 그런데도 기독교에선 비신자를 다 지옥으로 보내는데, 단테가 독실한 신자라는 점을 고려하면 이건 그냥 넘어가줄 수 있다. 문제는 그렇다면 예수가 탄생하기 전에 태어난 사람들은 어떻게 하느냐. 그들은 출생이 기원전이라 세례를 받을 수가 없었지만, 그 중에서도 착한 사람들이 있었을 것이다. 그런 사람들을 단테는 지옥을 이루는 아홉 개의 고리 중 첫 번째인 '림보'에 감금하는데, 이 대목은 정말 어이가 없다. 특히 단테는 자신의 길잡이 노릇을 한 베르길리우스마저 림보에 머물게 한다. 물론 림보에선 육체적 고통이 없다지만, 천국은

꿈도 못 꾸는 처지로 만들어버린 건 너무하지 않은가? 참고로 기원전 인물들 중 다윗 왕과 야곱, 노아, 아담 같은 이들은 구원을 해줬으니, 그 잣대가 퍽 이상하다.

③ **정치적 반대파:** 지옥편 21곡에서 마귀가 아래를 향해 소리친다. "말레브란케들이여! 성녀 지타를 다스리던 관리라네. 이놈을 밑에 처박으라고."

명을 받은 말레브란케—마귀를 뜻한다—는 어깨에 매달려 있던 죄인을 물에 던지는데, 그가 다시 떠오르면 "백 개도 넘는 쇠갈퀴로 그를 찔러댔다".

이 정도면 이 관리가 대단한 잘못을 저지른 것 같지만, 주석을 보니 허탈해진다. 지타는 루카라는 도시를 뜻하는데, 이곳은 단테와 정치적으로 대립하던 흑당의 본거지였다. 정치적 의견이 다르다고 이런 무서운 형벌을 내리다니, 청소년들도 읽을 고전을 자신의 사적 복수를 위해 사적으로 남용해도 되는 것인가?

④ **불륜:** '프란체스카와 파올로'라는 유명한 커플이 있다. 프란체스카는 영주의 딸이고, 파올로는 남편의 동생, 즉 시동생이다. 이 둘이 불륜을 저질렀으니 지옥에 있는 건 당연해 보

이는데, 여기에도 사연이 있다. 원래 프란체스카는 그 집 장남과 결혼을 하기로 했다. 그런데 장남은 희대의 추남인 데다 장애까지 갖고 있었다. 그는 프란체스카가 자신을 싫어할까 걱정이 된 나머지 잘생긴 동생 파올로더러 대신 청혼하게 했다. 결혼 당일 이 사실을 알게 된 프란체스카가 얼마나 낙담했겠는가? 그녀가 훗날 시동생과 사랑에 빠진 건 너무도 당연한 귀결이었고, 이 장면을 본 남편은 화살을 쏴 둘을 죽여버린다. 동정의 여지가 있는 사랑이지만, 냉정한 단테는 이들도 지옥에 보낸다. 이름하여 '육욕의 죄'.

📖 신화가 된 첫사랑, 베아트리체

단테는 아홉 살 때 당시 여덟 살이던 베아트리체를 보고 첫눈에 반한다. 하지만 이렇다 할 고백 같은 것은 없었던 모양이다. 열두 살이 된 단테는 부친의 명에 따라 젬마라는 여인과 정혼하게 된다. 그의 마음속에는 오직 베아트리체밖에 없었으니, 그 정혼이 무슨 의미가 있겠는가?

그로부터 육 년 뒤 단테는 우연히 베아트리체를 만난다. 그때도 단테가 뭔가 할 수 있는 처지는 아니었던 듯, 혼자 애만 태우고 만다. 그러는 동안 베아트리체는 다른 남자와 결혼하고, 자포자기의 심정이 된 단테는 그로부터 일 년 뒤 정혼했던 여인과 결혼한다. 그때만 해도 일말의 희망은 가질 수 있었겠지만, 안타깝게도 베아트리체는 스물넷의 나이에 세상을 떠난다. 첫사랑은 신화로 등극하고, 단테는 평생 베아트리체를 마음속에 품고 산다.

여기서 따져봐야 할 게 있다. 첫째, 베아트리체는 단테를 좋아했을까? 그랬다는 증거는 없다. 어쩌면 베아트리체는 물론이고 그녀의 남편도 단테가 영 불쾌했을 것 같다. 그런데도 단테와 베아트리체의 사랑이 숭고한 것으로 추앙받고 있으니, 역시 사람은 유명해지고 봐야 하나 보다.

둘째, 단테의 부인 젬마의 삶은 어떻게 보상받아야 할까? 안 그래도 넋이 나간 남편은 베아트리체가 죽고 난 뒤 십 년을 방황했다. 젬마는 물론이고 그 사이에서 태어난 네 명의 자식들도 단테를 원망했으리라. 그런 사람이 그 이전에 죽은 사람들의 죄를 심판한 뒤 지옥과 연옥, 천국으로 보내는 책을 쓰고, 그 책이 위대한 고전으로 추앙받는 현실은 뭔가 잘못됐다.

당연한 이야기지만, 단테는 베아트리체를 천국에 모셔놓는 것도 모자라 거기서 꽤 중요한 역할, 즉 단테를 하느님께

인도하는 일을 한다. 역할만 따지면 거의 베드로급인데, 살아 생전 뭐 그리 대단한 일을 했다고 그런 중책을 맡게 됐는지 모르겠다. 어이없게도 단테는 자신을 이끌어주던 베르길리우스를 연옥에 팽개치고 베아트리체를 따라간다.

거듭 말하지만 책을 이렇게 쓰면 안 된다. 자라나는 청소년들이 이 책을 읽고 무슨 교훈을 얻겠는가? 지옥편에서야 범죄는 저지르면 안 된다라고 생각하다가, '예쁘면 되는구나'라는 생각으로 책을 덮지 않겠는가? 게다가 베아트리체는 성품이 그다지 좋지 않다. 그녀는 미소를 짓지 않은 채 단테에게 다음과 같이 말한다.

— 내가 미소를 짓는다면 그대는 (…) 재로 변하고 말 거예요. 나의 아름다움은, 그대도 보았지만, 영원한 궁정의 계단을 오르면 오를수록 더 빛을 냅니다. 그래서 조절하지 않는다면 그 현란함은 나뭇가지를 부러뜨리는 번개처럼 그대의 필멸의 능력을 해칠 거예요.

앞에서 언급한 '필멸의 능력'은 바로 시각으로, 자신이 미소까지 지으면 눈이 부셔서 눈이 멀 것이라고 얘기하고 있는 것이다! SNS도 아니고, 어떻게 면전에 대고 이런 재수 없는 말을 하는지? 원래 사람이 죽을 때가 되면 좀 겸허해지고, '살아보니 미모 그거 별거 없더라' 같은 교훈적인 말을 하기 마련인데, 베아트리체는 왜 이다지도 철이 없을까? 관두자. 베아트리체가 무슨 잘못이냐. 그녀를 여신으로 박제해버린 단테가 잘못이지.

📖 (아마도) 0.1퍼센트만 완독한 책

이 밖에도 따져 묻고 싶은 게 한두 개가 아니지만, 그만하련다. 그래도 고전인데 수습은 해야겠기에 다음과 같이 이 책을 정리해보자. 베아트리체에 대한 찬사만 제외한다면 이 책은 읽어볼 가치가 충분하며, 그 이유는 다음과 같다.

첫째, 완독한 이가 0.1퍼센트도 안 되는 책이라 읽었다는 자체가 권력이 된다. 거짓말을 하는 이에게 "신곡을 보면 너 같은 애가 지옥에서 어떤 형벌을 받고 있더라"라고 얘기해보자. 사람의 격이 달라진다.

둘째,《안나 카레니나》보다 훨씬 더, 인내심을 길러준다. 예컨대, 이 책을 다 읽고 난 뒤에는 아내의 잔소리에 과거처럼 자기변명을 하는 대신 "네, 알겠습니다"라고 한다. 인내심은 개인의 성공뿐 아니라 가정의 화목에도 큰 도움을 준다.

셋째, 신화에 대해 알고 싶어진다. 신화는 과거 사람들이 세상을 좀 더 재미있게 이해하기 위해 만든 이야기다. 따라서 신화를 아는 것은 인류 문화의 기원을 아는 것이고, 현재를 이해하는 길이기도 하다. 난 이 책 덕분에 그리스 사람들이 죽은 사람의 입에 동전을 넣은 이유를 알았다(지옥에 가기 위해 건너야 하는, 아케론강의 뱃삯이란다). 또한 제우스가 신들의 왕이 되기까지 험난한 과정을 거쳤다는 것, 겨울에 식물의 생장이 멈추는 것은 페르세포네 때문이라는 이야기 등을 알게 됐는데, 이런 내용을 찾아가다 보면 본격적으로 신화를 공부하고픈 충동을 느낀다.

하지만 혼자서 이 책을 읽다간 중간에 포기하기 십상이니, 여러 명이 같이 읽는 것을 추천한다. 한두 번에 끝내려 하지 말고 넉넉하게 삼 개월 정도 시간을 잡고 도전해보라. 다 읽는 날 맥주를 마시면 술맛이 더 달게 느껴질 것이다. 마지막으로 한마디. 단테 씨, 당신은 연옥에 가셔야 할 것 같습니다. 이렇게 어려운 책을 써서 독자들을 괴롭혔으니까요. 거기서 수백 년간 죄를 씻고 그 뒤에 베아트리체를 만나든 말든 하세요.

에오스는 제우스에게 부탁해 티토노스를 영원히 살게했다고 한다.
그러나 영원한 젊음도 함께 달라는 걸 깜빡했고,
그 바람에 티토노스는 죽지도 못한 채 하염없이 늙어간다.

클로드 모네
파라솔을 든 여인(Woman with a Parasol)
1875

고전도 낚시를 한다

《아들과 연인》

데이비드 허버트 로런스 _ David Herbert Lawrence

📖 책을 구입한 속내

"외설 시비로 삭제되었던 상당 분량을 복원한 전혀 새로운 작품!"

아니, 외설 시비라니? 1, 2권을 합쳐 900쪽 가까이 되는 결코 만만치 않은 이 책을 산 이유는, 책 뒤에 있는 홍보 문구 때문이었다. 게다가 데이비드 허버트 로런스(David Herbert Lawrence), 즉 우리에게 D. H. 로런스로 유명한 바로 그 작가다. 《채털리 부인의 연인》(이하 채털리)을 쓴 사람이라 말하면 "아~" 하는 감탄사가 나올 것이다.

난 《채털리》를 읽지 않았지만, 영화는 봤다. 우리나라에서는 〈차타레 부인의 사랑〉이란 제목으로 개봉됐고, 야한 영화에 자주 나왔던 실비아 크리스털(Sylvia Kristel)이 주연을 맡았다. 1981년 개봉했을 때는 어려서 보지 못했지만, 1988년 재개봉이 끝나고 동네 극장에서 동시상영으로 할 때 드디어 이 영화를 볼 수 있었다. 지금은 없어졌지만, 그때는 극장에서 내려진 영화 두 편을 삼류극장에서 연달아 상영하는 시스템이 있었다. 시간 때우기도 좋았지만, 싼 가격에 영화 두 편을 보는 게 요즘 유행하는 말로 개이득이었다. 필름이 늘어져서인지 화질은 후졌지만, 이 상황에서 화질까지 바라는 건 지나친 욕심이었다.

후진 화질에도 불구하고 영화는 충격적이었다. 그 이전까지 난 이렇게 야한 영화를 본 적이 없었다. 야한 장면은 무더기로 삭제되던 시절이었지만, 영화 전체가 야하다 보니 모두 다 자를 수는 없었던 것 같다.

내용은 이렇다. 남편이 전쟁에 나가 불구가 되는 바람에 젊은 채털리 부인은 성적으로 불만을 갖는다. 그러던 어느 날 그녀는 남편 밑에서 일하는 산지기가 장작을 패는 장면을 본다. 그 광경을 몰래 훔쳐보던 크리스털의 모습은 지금도 잊히지 않는다. 그다음은 예정된 수순. 둘은 불같은 사랑을 나누고, 또 나누고, 또 나누고, 또 나눈다. 그러다 남편에게 들킨다. 산지기는 쫓겨나 어디 탄광 같은 곳으로 가는데, 채털리 부인은 산지기를 쫓아간다. 그녀의 마지막 대사가 뭐였더라. 중요한 건 사랑이라고 했던가. 당시 내가 근육을 만든다고 헬스를 시작한 건 그 영화가 내게 준 긍정적인 점이었다(물론 한 달 만에 그만뒀다).

자, 이런 추억이 있는 내가, 같은 작가가 쓴 《아들과 연인》을 선택하는 건 너무도 당연하지 않을까? 결론부터 말하면, 내 기대는 산산조각이 났다. 책은 전혀 야하지 않았고, 그렇다고 내용이 재미있는 것도 아니었다. 그래도 1권은 읽을 만

했다. 작가와 출판사의 양심을 믿었기에, '설마, 야한 장면이 나오겠지'라고 기대했으니 말이다. 하지만 그 기대가 접힌 2권의 어느 순간부터 책은 급격히 지루해졌고, 난 무미건조하게 책장을 넘기며 이런 한탄을 했다. "외설은 무슨 외설? 이젠 세계문학전집도 이런 식으로 낚는구나!"

1권이 15쇄나 팔린 걸 보면, 나처럼 낚인 이가 한둘이 아닌 모양이다. 어떤 이는 다음과 같은 리뷰를 남기기도 했다. "(이 소설의 주인공인) 모렐 부인의 일탈이 언제쯤 시작되는지 기다렸다." "외설 시비로 삭제되었던 부분을 완전 복원한 소설이라 하기에 은근히 기대했었나 보다." 이 책에 대한 앞으로의 리뷰가 책을 읽는 동안 했던 내 생각에 집중된 것은, 낚시가 얼마나 사람의 심신을 황폐화하는지 알리고자 함이다.

🔖 모렐 부인의 잘못된 선택

모렐 부인은 결혼을 잘못했다. 지금도 여성 혼자 뭔가를 하는 게 쉽진 않지만, 이 책의 배경으로 추측되는 20세기 초반은 그게 불가능하다시피 해서, 여자의 운명은 어떤 남자와 결혼하는지에 좌우됐다. 제인 오스틴(Jane Austen)이 쓴 《오만과 편견》등등 당시 소설에 나오는 여주인공들이 남자의 재산에 관심을 두는 것도 다 그 때문이다.

모렐 부인은 조금 달랐던 것 같다. 부유한 상인 집안 출신이라 그런지 돈보다 낭만을 더 중요시했다. 직업이 광부인 모렐을 만났을 때 그녀는 한눈에 반해버린다. 모렐이 어떻기에? "물결치는 검은 머리는 빛났고 한 번도 면도하지 않은 콧수염은 원기 왕성하게 보였다. (…) 붉고 촉촉한 입술은 (…) 눈에 띄었다." 여기에 유머까지 있었다. "이 남자의 유머는 (…) 부드럽고 따뜻하며 지적이지 않고 일종의 장난 같은 것이었다."

모렐 역시 장차 모렐 부인이 될 이 여성에게 반했기에, 그녀에게 잘 보이려고 노력했다. 이 와중에 모렐은 그녀에게 결정적인 말을 한다. "그대의 옷을 더럽힐 테니까요." 과거에 단 한 번도 '그대'라고 불렸던 적이 없던 이 여성은 '그대'라는 말에 매료됐고, 결국 둘은 이듬해 결혼한다. 그 결과 모렐 부인이 된 그녀는 광부들이 모여 사는 마을에 조그만 집을 얻고, 자신과는 다른 이웃들과 더불어 살아야 했다.

낭만은 매우 중요한 덕목이다. 아무리 돈이 중요시되는 시대라 해도, 오직 돈 하나만 보고 결혼한 여성이 행복할 수는 없다. 여주인공 리지가 '다아시'란 남성과 결혼하는 것으로 끝나는 《오만과 편견》의 결말이 좋아 보이는 이유는, 다아시가 연간 1만 파운드의 수익을 올리는 부유한 상류계급인 데다 미남이었기 때문이다. 이 책의 영화판에서 리지 역에는 키라 나이틀리(Keira Knightley)가, 다아시 역에는 매슈 맥퍼딘(Matthew Macfadyen)이 열연했는데, 훈남인 맥퍼딘이 나이틀리와 어찌나 잘 어울리는지, 극장을 나오면서 마음이 흐뭇했다. 그런데 다아시가 잘생기기만 하고 돈은 없었다면, 얼마 되지도 않는 리지의 재산에 얹혀살려는 기둥서방이라면, 그래도 흐뭇할 수 있을까? 생각만 해도 마음 한구석이 저려온다. 돈과 외모, 이 둘 다 가진 이를 만나면 좋겠지만, 둘 중 하나를 택해야 한다면 갈등이 생길 수밖에.

좀 식상하긴 해도 후배가 이 주제로 내게 상담을 요청했을 때, 난 이렇게 대답했다. "외모라는 것은 말이야, 세월이 가면서 퇴색한다고. 특히 가난하다면 외모가 없어지는 속도가 더 빨라져. 반면 돈은 변하지 않아. 물론 사업에 실패한다든지 해서 돈이 없어질 수 있지. 하지만 그럴 확률은 외모가 사라질 확률보다 훨씬 낫다고." 그러니까 돈 대신 낭만을 택한 순간, 모렐 부인의 행복은 저만치 멀어졌다고 할 수 있다.

물론 처음부터 모렐이 마각을 드러낸 것은 아니다. 그 역시 자신의 삶을 사랑했고, 아내와 더불어 행복하려고 애썼다. 원래 술을 좋아하던 모렐이지만, 금주 맹세에 서약했고, 그녀 말에 열심히 귀를 기울이려 했다. 하지만 이런 노력이 둘 사이의 차이를 상쇄해주진 못했다. 원래 모렐 부인은 "대단히 지적이라는 평판을 받았"으며, "그녀가 가장 좋아한 것은 교육받은 사람과 종교, 철학, 정치에 관하여 이야기하는 것이었다".

그러나 광부로 일하고, 집안도 가난한 모렐은 그녀의 말을 전혀 이해하지 못했다. 이 사실을 알고 모렐 부인은 섬뜩한 공포를 느낀다. 거기에 사건이 터진다. 모렐의 양복을 손질하던 중 주머니에서 청구서를 발견한 것이다. 결혼 전 빚을 다 청산하겠다고 한 모렐의 말은 거짓말이었고, 통장에도 돈이 거의 들어 있지 않았다. 심지어 그 집도 모렐의 것이 아니어서, 다달이 집세를 내야 했다. 이제 모렐 부인에게 남은 거라곤 모렐이 가진 '물결치는 검은 머리'와 '콧수염', '붉고 촉촉한 입술'이 전부였다.

🔖 불화의 시작

영화였다면 모렐 부인의 심경을 이렇게 표현했으리라. 문가에 넋을 놓고 앉아 있는 모렐 부인, 밖에서 바람이 휑하니 불어와 부인의 얼굴을 때린다. 머리카락이 다 흐트러지고 가슴에 단 브로치가 날아가지만, 부인은 계속 그렇게 앉아 있다. 그녀의 눈에서 한 방울 눈물이 흐른다. 마침내 그녀가 입을 연다. "내가 미쳤지. 이럴 줄 알았다면 멸치 대가리처럼 생긴 그 부자랑 결혼할 걸 그랬어."

책에서는 이 장면을 다음과 같이 표현한다.

— 그녀는 이제 남편과 같이 있을 때도 괴로웠고, 그의 존재는 외로움을 더욱 가중시킬 뿐이었다. (…) 마침내 모렐 부인은 남편을 경멸하게 되었다. 그녀는 아이의 아버지에게서 등을 돌리고 아이에게로 향했다.

그녀의 이런 태도는 모렐이 그간 해오던 노력을 포기하게 만들었다. 남편으로서는 물론, 아버지로서의 의무도 내팽개친 것. 그는 아이 양육에 전혀 참여하지 않았고, 아이에게 성을 내는 것은 물론, 아이를 거친 손으로 때리기까지 했다. 그리고 모렐은, 다시 술을 마시기 시작했다. 안 그래도 다른 광부들보다 벌이가 적었건만, 이제 수입의 상당 부분이 술값으로 나갔다. 심지어 아내 지갑에서 돈을 훔친 뒤 그 돈으로 술을 마시기까지 한다. 아내는 자신이 그 돈을 다른 곳에 둔 줄 알고 온 집안을 뒤지는데, 그 광경을 상상하면 마음이 아프다.

— 남편과 아내 사이에서 전투가 시작되었고 그것은 어느 한쪽이 죽어야만 끝날 수 있는 끔찍하고 지독한 싸움이었다.

여기서 모렐만 나쁘다고 말하는 것은 공평하지 못하다. 오히려 난 모렐이 측은하기도 했다. 매일같이 새벽 다섯 시에 일어나 스스로 아침을 차려 먹고, 그날 점심에 먹을 거친 빵을 챙겨 일터로 나서는 모렐의 모습을 떠올려보라. 결혼 전에는 광부 일을 마치고 집에서 쉬는 게 그의 낙이었겠지만, 이젠 아내가 있으니 집에 갈 수는 없다. 이런 상황에서 술을 마시는 것은 자연스러운 수순이었는지도 모른다. 그는 주중이나 주말이나 매일 술을 마셨고, 취한 상태로 집에 왔다. 그러다 보니 다음과 같은 장면이 펼쳐졌다.

부인 맙소사. 술에 취해서 집에 돌아오다니!

모렐 안 취했어.

부인 술 퍼마실 돈은 있구나. 집 안이 당신 때문에 불결해.

모렐 그럼 나가면 될 거 아냐. 이 집은 내 집이야.

<u>부인</u> 아이들만 없으면 진작 나갔어!

나 역시 결혼 초, 이런 유치한 싸움을 한 적 있다. 내가 가진 원칙은, 둘 중 하나가 나가야 한다면 그건 남성인 나여야 한다는 점이다. 실제로 난 부부 싸움 끝에 집을 나가 PC방에 있거나, 혼자 또는 근처에 사는 친구를 불러 술을 마시거나, 아니면 아파트 벤치에 누워 있었다. 바깥세상이 남성보다 여성에게 더 위험하니, 이건 당연한 일이다. 그런데 모렐은 나가겠다는 부인을 내쫓고 문을 잠가버린다. 달리 갈 곳이 있는 것도 아니고, 부부 싸움 끝에 쫓겨난 게 낯부끄러우니 이웃 주민에게 도움을 청할 수도 없다. 그녀는 현관문에 기대 잠을 청하다, 결국 석탄 창고로 가서 더러운 깔개를 덮고 잠을 잔다.

　이건 좀 너무했다 싶었는데, 나중에 더 큰일이 생긴다. 모렐이 말싸움 도중 탁자 서랍을 빼서 아내에게 던진 것이다. 서랍은 모렐 부인의 이마를 스쳤고, 이마에선 피가 나기 시작했다. 모렐은 후회했지만, 이미 일은 벌어진 뒤였다. 그 순간 그녀와 남편 사이에 연결된 가느다란 실은 툭 소리를 내며 끊어졌다. 이웃에게 넘어져서 다쳤다고 해명할 때마다 모렐 부인의 마음은 얼마나 참담했을까?

🔖 모렐 부인의 일탈?

부부 사이가 파탄에 이르렀고, 시대가 시대인지라 이혼하는 것도 힘들다면, 남은 것은 불륜뿐이다. 내게 음란 마귀가 씐 것은 아니지만, 이게 외설 논란을 불러일으켰다면 그 주인공은 당연히 욕구불만에 시달리는 모렐 부인이어야지 않은가? 마침 모렐 부인이 목사님을 집으로 데려온다.

아, 드디어 뭔가가 시작되나 보다 했는데, 둘은 그냥 이야기만 하다가 만다. 그래, 책은 아직 초반부니까, 뒤로 가면 사건이 벌어지겠지. 그런데 그런 일은 일어나지 않았다. 정말 신기한 일은 모렐 부인이 이 와중에도 계속해서 아이를 낳았다는 점이다. 남편의 모든 것, 심지어 머리 감는 소리마저 혐오스럽게 느끼면서, 어떻게 부부 관계를 할 수가 있었을까?

갑자기 내가 아는 형님한테 들은 사연이 떠오른다. 사이가 너무 안 좋아 결국 별거에 들어간 부부가 있었다. 부인은 그집에 남았고, 남편은 아이를 데리고 친형의 집으로 갔다. 그형의 부인은 난데없이 나타난 시동생과 조카의 수발을 들어야 했는데, 그 형은 나를 만났을 때 이런 넋두리를 했다. "성격 차이로 헤어지는 건 이해할 수 있어. 그런데 별거에 이혼

소송 중이면서 왜 또 임신을 시키냐 말이야."

정말 그렇지 않은가. 아무리 그래도 어떻게 그 와중에 부부 관계를 갖지? 그래서 그 형수님은, 시동생과 더불어 아이 둘의 수발을 들어야 했는데, 이 얘기를 들으면서 부부 사이란 정말 오묘한 것임을 느꼈다. 첫아이를 낳을 때도 이미 파탄 상태였던 모렐 부인도 그 뒤 세 명의 아이를 더 낳았으니, 이것 역시 오묘함의 산물이리라.

아이가 생겨 돈이 모자라자 모렐 부인은 일자리를 찾는다. 그러다 '여성 조합'이라는 곳에 가입해 적으나마 돈을 벌게 된다. 게다가 당시에는 이른 취업이 대세였는지 아이들이 금방 취업을 해 돈을 벌기 시작한다. 그렇다고 '아, 이제 모렐 부인의 고생은 끝났구나!'라고 생각하면 오해다.

첫째 아들, 윌리엄은 엄청난 연봉과 함께 런던에 스카우트 된다. 원래 모렐 부인은 남편으로부터 매주 30실링을 받기로 했는데, 그나마 다 못 받는 경우가 허다했다. 한 달로 따지면 120실링이고, 일 년이면 1,440실링이다. 1파운드는 20실링이니, 모렐 부인의 일 년 생활비는 72파운드가 된다. 그런데 첫째 아들이 받기로 한 연봉은 무려 120파운드다. 아무리 런던 물가가 비싸도 그 절반 정도는 집에 보낼 수 있고, 이제 모렐 부인의 삶은 나아지겠구나 했다.

그러나 일은 그렇게 되지 않았다. 윌리엄은 한 여성을 사랑했고, 그녀를 위해 아낌없이 돈을 썼다. 나중에 윌리엄이 그녀를 데려왔을 때, 그녀가 몸에 휘감은 건 죄다 명품이었다. 그가 그녀에게 사준 반지의 가격을 안 모렐은 이런 말까지 한다. 그 돈 일부만 나한테 줬으면 내가 네 편을 들어줬을 거라고.

어머니로서는 윌리엄이 야속했을 것이다. 어머니가 힘들게 사는 거 뻔히 아는 놈이 뭐 하는 짓인가? 이래서 자식 키워봤자 소용없다고 하는구나, 라고 하려던 차에 폴이 등장한다. 둘째 아들인 폴은 아주 효자로, 엄마에게 각별히 잘한다. 요즘 상식으로는 이해가 안 되지만, 폴은 초등학교 졸업 뒤 회사에 취직해 돈을 벌었다. 그는 그림에도 소질이 있어, 그림을 제법 비싼 값에 팔기도 한다. 여자 문제로 어머니를 실망시킨 적은 있었어도, 폴은 어머니가 남편인 모렐에게서 얻지 못했던 아쉬움을 상당 부분 회복시켜준다.

다음과 같이 말하는 아들을 상상해보면 자식 낳는 보람이 충분할 것이다. "엄마, 제가 곧 돈을 벌어 올게요. 엄마가 언제나 제 돈을 가지세요. 전 결코 결혼 따위는 하지 않을 거니까요."

🕮 외설은 어디에?

어머니의 상처를 쓰다듬어주긴 했어도, 폴은 독자들의 기대까지 감싸 안아주진 못했다. 모렐 부인이 일탈하지 않을까 하는 마음은 1권 중간쯤 버렸고, 다음 주자인 윌리엄은 별로 한 것도 없이 이야기에서 사라져버린다.

이제 남은 것은 폴, 실제로 폴은 이 책의 가장 중요한 주인공으로 2권 끝까지 맹활약을 한다. 소설의 마지막이 엄마를 부르며 걸어가는 폴의 모습을 묘사하는 것으로 끝나는 걸 보라. 책 제목인 《아들과 연인》에서 지칭하는 '아들'은 바로 폴이었다.

자, 그렇다면 폴이 외설 시비의 책임을 지는 것은 당연하지 않은가? 혹시 폴이 '결혼하지 않겠다'고 한 것 때문에 지레 실망하진 말자. 저런 말 하는 사람 치고 실제로 결혼 안 한 사람이 있던가?

과연 폴은 1권 후반부부터 미리엄이라는 여인과 사귄다. 어머니는 미리엄을 별로 좋아하지 않았지만, 사랑에 빠지면 어미, 아비도 몰라보는 법이다. 폴은 미리엄에게 수학을 가르친다는 핑계로 만남을 시작한다. 내가 상상했던 장면은 다음과 같다.

폴 2 곱하기 7은 뭐야?

미리엄 으… 뭐더라. 시시시시십오.

폴 이런, 14잖아. 틀렸으니 벌 받아야지.

미리엄 아야! 왜 이렇게 세게 때려?

폴에게 덤비는 미리엄, 둘은 곧 마룻바닥에 뒹군다. 갑자기 정색하며 미리엄을 쳐다보는 폴. "네 눈이 정말 예쁘구나."

하지만 이런 일은 일어나지 않았다. 심지어 분위기를 한껏 잡았을 때조차 둘은 아무것도 안 한다. 다음은 폴과 미리엄의 산책 장면이다. "주위는 캄캄하고 고요했다. (…) 그는 깜짝 놀랐다. 그의 피가 온통 불꽃처럼 터지는 것 같았고, 그는 거의 숨을 쉴 수 없었다." 미리엄이 묻는다. "무슨 일이야?" 폴은 돌아서서 미리엄을 바라본다. 이쯤 되면 키스 정도는 해야 다음을 기약할 텐데, 폴은 그러지 않는다. 조바심이 난 미리엄은 다시 묻는다. "무슨 일이야?" 그 뒤 정말 바보 같은 대사가 이어진다.

폴 달을 봐.

미리엄 그래. 굉장하지?

그다음 말이 '위기는 지나갔다'인데, 이를 독자 입장에서 말하면 이렇다. '젠장, 아무 일도 없었다.' 폴에게 좀 문제가 있지 않은가, 라는 의심은 정당하다. 작가가 이렇게 썼으니 말이다.

─ 남자가 여자를 원하듯이 자기가 그녀를 원할지도 모른다는
　사실이 그의 마음속에서 억압되어 수치심이 되었다. (…) 이
　'순수함'은 그들에게 최초의 사랑의 키스조차 가로막았다.

모렐이 그의 부인을 내쫓고, 서랍을 던져 이마를 다치게 했을 때도 난 이렇게까지 화나지 않았다. 하지만 폴이 이 기회를 놓쳤을 때, 난 '이거 또라이 아냐!'라며 책을 던져버렸다.

🔖 외설 따윈 없었다

지금까지 이야기를 정리해보자. 모렐 부인은 남편과 불화했지만, 바람을 피우지 않았다. 윌리엄은, 금세 이야기에서 사라졌다. 다른 아이들은 어렸다. 외설의 유일한 기대주는 폴인데, 폴은 여자를 두고도 내적인 갈등만 하다가 아무것도 안

한다. 그 갈등이 어찌나 심한지, 걸핏하면 다음과 같은 구절이 나온다. "폴은 미리엄이 그의 편안한 마음과 원래 모습을 망쳤다고 여기고 그녀를 증오했다. 그리고 그는 모욕감에 싸여 몸부림쳤다."

아니, 욕망에 휩싸여 몸부림쳐야 할 젊은 녀석이 이 무슨 난리인가? 그 이후에도 '그녀를 증오했다'라는 대사가 숱하게 나오니, 둘 사이에서 뭔가를 기대하긴 그른 것 같다. 훗날 저자가 쓸 《채털리》에 등장하는 산지기의 기상을 폴에게 조금만 줬다면 좋으련만, 어째서 이런 심약한 이를 주인공으로 만들었을까.

급기야 2권에서는 폴이 미리엄에게 헤어지는 게 좋겠다고 말한다. 플라토닉한 사랑을 추구하는 자신과 미리엄이 다르기 때문이었다. 예컨대 숲에서 데이트 도중 꽃을 쓰다듬는 미리엄에게 폴은 짜증을 낸다. "왜 넌 그렇게 만지며 귀여워해야 할까?" 미리엄은 "하지만 난 만지고 싶어"라며 반박하지만, 결국 폴은 헤어지는 게 좋겠다고, 친구로 지내자고 한다. 뒷말은 너무 상투적이라 멀미가 날 지경이었다.

그래서 난 폴이 클라라라는, 폴보다 연상인 돌싱녀와 만났을 때도 큰 기대를 하지 않았다. 그런데 클라라와의 만남은 폴의 무의식이 한사코 억누르던 욕정을 되살렸다. 다시금 미리엄을 불러낸 폴은 이런 말을 한다. "난 널 지독하게 사랑해." 그러면서 그는 순결에 대한 집착을 타박한다. "넌 우리가 순결에 너무 빠져 있었다고 생각하지 않아?"

영화 〈베테랑〉의 빌런, 조태오(유아인)가 이 장면을 봤다면 이렇게 말했을 것이다. "어이가 없네." 지금도 그렇지만 그 시대에는 여자가 먼저 남자를 덮치는 건 어려웠다. 그런데도 미리엄은 걸핏하면 폴을 숲으로 데려감으로써 폴에게 기회를 줬다. 그 기회를 번번이 발로 찬 건 바로 폴. 그런데 지금 폴은 무슨 헛소리를 하는 것일까?

그래, 과거를 탓해서 뭐 하겠는가? 이제부터 잘하면 되는 것이지. 순결을 벗어던지기라도 하듯 폴은 갑자기 미리엄에게 키스를 한다. 세 차례의 키스 후 뭔가가 이루어지려는 찰나, 미리엄이 산통을 깬다. "지금은 안 돼." 요즘 유행어로 이런 걸 '고구마 먹는다'고 한다. 하지만 미리엄은 곧 말을 바꾼다. "날 가져도 좋아." 자, 이제 뭔가 이루어지려는가 싶었는데, 세상에, 폴은 어영부영하더니 그냥 집으로 가버린다.

여기서 난 이 책의 홍보 문구에 나오는 '외설'을 포기했다. 막상 포기하고 나자 그 일이 찾아왔다. 며칠 뒤 미리엄을 만난 자리에서 폴이 묻는다. "정말로 날 원해?" "응, 정말이야." 그리고, 정말 믿지 못하겠지만, 책에선 이 장면이 다음과 같이 묘사된다. "그리고 얼마 후 그는 그녀와 관계를 맺었다. 그의 존재가 마지막 조직까지 그녀에게 불태웠다. 그는 그녀와 잤다." 이게 첫 관계를 묘사한 전부다. 호흡이 가빠졌다느니, 폭풍이 휘몰아쳤다느니 하는 상투적인 문구마저 그리워진다. 정말이지 이 책에 외설이란 존재하지 않았고, 홍보 문구는 독자를 기만했다.

🔖 이 책의 교훈

정말 어이없는 건, 미리엄과의 관계 뒤 폴이 그녀와 헤어졌다는 점이다. 그 뒤 무슨 안 좋은 일이 있는 것도 아니니, 그럴 거면 도대체 왜 관계를 맺었는지 의문이 든다. 아니, 어쩌면 관계를 맺고 만족하지 않아서 헤어졌을 수도 있다. 폴이 클라라에게 확 가버린 걸 보면, 그럴 수도 있겠다 싶다. 그 뒤 폴은 클라라와 관계를 맺지만, 이미 외설에 대한 기대를 접은 뒤라 무미건조한 마음으로 읽었다. 그 묘사는 폴과 미리엄 때보다 조금은 상세했지만, 그래봤자 12세 관람가 수준이었다.

　인터넷을 검색해보니 이 소설은 저자인 D. H. 로런스의 경험에서 비롯된 것 같다. 로런스의 부모님은 계급과 지적 수준

차이로 늘 불화했고, 모렐 부인이 그랬던 것처럼 로런스의 어머니도 아들에게 맹목적인 사랑을 퍼부었다고 한다. 모렐 부인이 미리엄을 싫어했던 것도 혹시 본인의 경험에서 비롯된 것일까. 그래서 그가 상상의 사랑에 빠져들었고, 일탈에의 욕망을 《채털리》를 쓰면서 풀었던 것은 아닐까. 글을 쓰는 내내 이 책을 타박했지만, 그래도 이 책에 교훈은 있다. '붉고 촉촉한 입술에 매혹되지 마라. 평생 배우자와 키스만 하며 살 게 아니라면.'

남편과 아내 사이에 끔찍한 전투가 시작되었고
그것은 어느 한쪽이 죽어야만 끝낼 수 있는 지독한 싸움이었다.

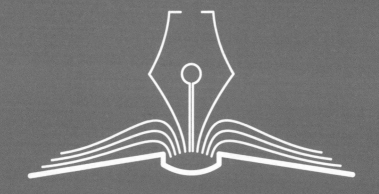

빈센트 반 고흐
씨 뿌리는 사람(Sower)
1888

13

과연 명작인가요?

《호밀밭의 파수꾼》

제롬 데이비드 샐린저_ Jerome David Salinger

📖 삼실칠 년 전의 사건

1986년 2월 4일, 가방을 챙겨 들고 집을 나섰다. 시간을 보니 오전 열 시, 한숨을 푹 내쉬었다. "이제부터 뭐 하지?"

곧 대학 2학년생이 되지만, 개강은 아직도 한 달 뒤였고, 예과생에 불과한 놈이 도서관에 가서 공부하는 것도 우스운 일이었다. 길을 걷다 보니 더 화가 났다. 그날은 내 생일, 그것도 스무 번째 생일이었다. 이런 좋은 날엔 여자친구라도 만나야 했지만, 당시 내겐 여자친구 같은 건 존재하지 않았고, 용돈도 부족한 처지라 친구를 부르기도 어려웠다. 그런데도 무작정 집을 나선 건, 도저히 집에 있고 싶지 않아서였다. 화가 많으신 아버지가 그날 아침 식사 자리에서 심하게 날 야단치셨기 때문이다. 무엇 때문에 야단을 맞았는지 기억이 안 나지만, 그 뒤 바로 집을 나온 걸 보면 그렇게 야단맞을 일은 아니었던 모양이다.

'나는 왜 생일날까지 야단을 맞아야 할까?' 세상을 저주하며 길을 걷다, 가게에 들러 소주 한 병을 샀다. 입시 위주의 교육만 충실히 받아온 내게 할 수 있는 일탈이란 기껏해야 소주 마시고 망가지는 게 전부였으니까. 어디서 술을 마실까 하다가, 집 근처에 생긴 동시상영관이 생각났다. 지금은 사라졌지만, 그 당시에는 한번 개봉했다 내린 영화를 동네 극장에서 틀어주는 경우가 허다했다. 지금은 지역마다 극장이 있지만, 그땐 영화를 보려면 종로까지 나가야 했고, 비디오 같은 것도 없던 시절이라 해당 극장에서 막을 내리면 그 영화를 보는 건 불가능했다. 그러니 싼 값에 영화 두 편을 틀어주는 동시상영관은 가난한 영화 마니아들에겐 축복이라 할 만했다. 이미 맛이 간 필름이라 그런지 화질은 형편없었고, 비가 오는 것처럼 화면에 스크래치가 나타나는 게 다반사이긴 했지만 말이다. 출판평론가 표정훈은 동시상영관을 이렇게 찬양했다.

— 동네 안경점, 예식장 광고할 때부터 줄곧 비 내리는 열악한 스크린 위로 관객들이 피워대는 담배 연기는 자욱한데, 앞 사람 머리가 스크린의 아래 절반 가까이를 가리기 일쑤다. 발밑으로 쥐가 기어다니고 휴게실 난로 위에선 오징어가 몸을 비튼다.[7]

열악한 시설에 걸맞게 값이 쌌기에, 돈 없는 청춘들이 그리로 모여들곤 했다. 특별히 뭘 본다는 생각을 한 건 아니고, 집 나온 김에 거기서 영화나 보려고 했던 것 같다. 터벅터벅 극장을 향해 가는데, 갑자기 경찰 두 명이 날 붙잡았다. 왜 나를? 여자 친구 하나 없는 세상에 항의하는 의미로 머리를 짧게 깎고 있었던 게 이유일까. 아니면 뭘 입어도 남루해 보이는 외모 때문일까. 그 시대를 살아본 이들이라면 알겠지만, 혹시 시국 사건의 주범으로 날 의심한 게 아닌가 하는 생각도 들었다. 이유가 뭐든 그들은 내 가방을 뒤지기 시작했다.

내 가방에서 제일 처음 나온 건 소주였다. 소주를 손에 든 경찰이 선배 경찰을 잠시 바라보더니, 더 열심히 가방을 뒤지던 장면은 지금도 생생하다. 그다음으로 그는 내가 갖고 다니던 노트를 꺼내더니 뭐가 적혀 있나 살펴봤다. 그때나 지금이나 난 지독한 악필이기에, 아마 그가 해독할 수 있는 글자는 하나도 없었을 것이다.

문제가 된 건 그다음, 내 가방 밑바닥에서 남성용 지갑이 하나 나왔다. 지갑을 손에 든 경찰은 월척을 건졌다는 듯 선배 경찰을 바라보며 뭐라고 했다. 그러고는 내게 물었다. "이거 뭐야?"

"그, 그게요, 제가 쓰다 만 지갑인데 버리기 아까워 가방에 넣어뒀어요."

표정을 보니 그들은 내 말을 전혀 믿지 않는 듯했다. 선배 경찰이 내게 다가왔다. "신분증 내봐 봐."

그때나 지금이나 난 주민등록증을 갖고 다니지 않는다. 분실의 위험성 때문인데, 지금은 운전면허증이 신분증을 대체한다면, 그 당시 내가 갖고 다니던 건 학생증이었다. 아마도 그 시절 내겐, 어렵게 들어간 대학 덕을 보려는 마음도 있었을 것이다. '서울대학교 의예과 1학년 서민. 학번 85331-099' 그들의 낯빛이 갑자기 바뀌었다. 그들은 학생증에 있는 사진과 내 얼굴을 비교해 보더니, 한결 부드러운 목소리로 내게 물었다.

경찰 학생, 지금 어디 가는 길이야?

나 아버지한테 혼나서 잠깐 집 나왔어요.

경찰 그러지 말고 어서 집에 들어가.

그들과 헤어진 뒤 결국 극장으로 갔다. 그날 본 영화가 무엇이었는지 생각나지 않는다. 두 편을 본 건 확실한데, 하나도 제목을 기억하진 못한다. 다만 극장이 생긴 지 얼마 안 돼서 그런지 시설은 물론 화질도 괜찮은 편이었고, 그래서인지 재개봉관치곤 사람이 많았다. 첫 인연은 그리 좋지 못했지만, 그 뒤 가끔씩 개봉관에서 놓친 영화를 보기 위해 그곳을 찾았다.

📖 삼십육년 전 사건

이왕 말이 나왔으니 비슷한 에피소드 하나만 더 풀어놓자. 1987년 9월의 어느 날, 차를 몰고 친구 집으로 가고 있었다. 당시 난 제법 있는 집에 살았는데, 본과 1학년에 다니는 날 위해 어머니가 차를 빌려주시곤 했다. 물론 그 차를 공부 외적인 목적에 더 많이 사용하긴 했지만, '이날'만큼은 정말 친구 집에서 날밤을 새며 같이 시험공부를 하기 위한 게 맞았다. 학교 도서관에서 공부를 하다 밤 열 시쯤 친구 집에 가는 거였으니 말이다. 친구 집에 가려고 신호에 맞춰 유턴을 하는데, 갑자기 경찰차가 사이렌을 울리며 쫓아왔다. 겁이 덜컥 났다. 내가 뭘 잘못했지?

길가에 차를 세웠다. 내 뒤에 차를 세운 경찰이 다가오기에, 창문을 열고 물었다. "왜 그러시죠?"

"일단 내려봐."

차에서 내리자 경찰은 나를 차 쪽으로 향하게 한 뒤 차 지붕에 두 손을 짚으라고 했다. 영화에서 범죄자를 검거할 때 하던 바로 그 자세. 이것만으로도 충분히 모욕적일 텐데, 이번엔 내 차를 수색하기 시작했다. 별로 나오는 게 없자 이번엔 내게 면허증을 요구했다. 면허증과 나를 번갈아 보더니 다시 물었다. "이 차, 어디서 난 거야?"

어머니 차라고 하니 어머니 이름을 대란다. "김-선-자요."
경찰은 무전기로 차량을 조회했다. 아무래도 내가 이 차를 훔
친 거라고 생각하는 듯했다. 어려 보이는 놈이 차를 몰고 있으
니 그렇게 생각할 수도 있었지만, 그래도 이런 식은 아니지 않
은가.

차량 소유주가 어머니가 맞다는 게 확인되자 그 경찰은 –
뻔뻔하게 생긴 얼굴까지 생생히 기억이 나는데 – 나한테 술을
마셨냐고 물었다. 전혀 안 마셨다고 했더니 자기가 보기엔 마
신 것 같다고 했다. 진짜 안 마셨다니 그가 이렇게 말했다. "좋
아. 믿어줄게. 근데 너, 아까 신호위반했어."

그는 나를 그냥 보내는 게 체면이 깎인다고 생각한 모양이
다. 그 옆에 있던, 다소 젊은 경찰은, 선배 경찰의 횡포를 그냥
보고만 있었기에 아무런 도움이 안 됐다. 내가 신호위반을 안
했고, 신호에 따라 유턴했다고 하자 그가 이렇게 말했다. "내
가 분명히 봤는데?"

하도 어이없어 불만에 찬 표정으로 있었더니 그가 내 어깨
를 툭 쳤다. "오늘은 내가 특별히 봐줄 테니, 가봐."

몇 분간의 짧은 시간이었지만, 그때의 일은 지금도 가슴에
남아 있다. 너무 억울하고 분했으니까. 이게 다 내가 없어 보

이게 생겼기 때문이라는 생각도 들었지만, 그렇다고 이런 어처구니없는 대우는 말이 안 됐다. 훗날 내가 쌍꺼풀수술을 하게 된 것도 이런 경험들이 쌓였기 때문이 아닐까.

차에 타면서 경찰차 넘버를 외웠다. 지금과 달리 경찰의 이런 갑질이 기사화되는 시대는 아니었지만, 번호판을 외우면 뭔가 보복할 방법이 있을 거라 생각했다. 친구 집에 도착하자마자 이 얘기를 했지만, 그는 대수롭지 않게 여기는 듯했다. 내 일에 공감해주는 대신 그는 이렇게 말했다. "야, 너 혹시 조하문이라고 알아? 엄청난 가수가 나왔어!"

그러면서 그는 내게 조하문의 노래를 카세트테이프로 틀어줬다. "아주 우연히 만나 슬픔만 안겨준 사람/ 내 맘속에 작은 촛불이 되어/ 보고 싶어질 때면 두 눈을 감아보아요/ 소리 질러 불러보고 싶지만…."

친구는 그 노래가 그해 초 나온 이문세 4집보다 더 좋다고 했다. 노래를 들으며 그럴 수도 있겠다 싶었다. 어느새 공부는 잊어버린 채, 가사집을 보며 조하문 노래를 따라 부르고 있었다. 경찰에게 당했던 수모는 어느새 잊혔다. 머릿속에 외워둔 경찰차 넘버도 함께.

참고로 조하문의 이 앨범은 100만 장이 넘게 팔리는 대히트를 쳤다.

📖 내겐 명작이 아닌 호밀밭의 파수꾼

갑자기 젊은 시절 얘기를 꺼낸 건, 《호밀밭의 파수꾼》의 감상문을 쓰기 위해서였다. 민음사에서 낸 세계문학전집 47번에 이 책이 있고, 노벨문학상 단골 후보인 무라카미 하루키(村上春樹)도 이 책을 칭찬한 적이 있으니, 가히 세계 명작이라 할 만하다. 이 책을 읽게 된 계기도 내가 속한 동아리에서 문학적으로 가장 뛰어난 후배가 《호밀밭의 파수꾼》을 최고의 명저로 꼽았기 때문이다. 그러나 난 이 책이 왜 명작인지 이해하지 못했다.

먼저 이 책의 시작을 살펴보자. 홀든 콜필드는 미국의 명문 펜시 고등학교에서 학업부진으로 퇴학당한다. 네 과목에서 낙제점을 받은 데다가 전혀 공부에 의욕을 보이지 않았으니 학교에서는 빈번하게 그에게 경고를 해왔었다. 하지만 콜필드가 그 경고를 받아들이지 않자 학교 측에서도 더 이상 인내할 수 없었던 것. 떠나기 전 그는 역사 선생인 스펜서를 찾아가 작별 인사를 하는데, 스펜서가 그에게 이런 말을 한다.

스펜서 역사 과목에서 낙제점을 준 이유는 자네가 너무나 아는 게 없었기 때문이야.

콜필드 잘 알고 있습니다. 선생님. 젠장, 저도 알고 있어요. 선생님도 어쩔 수 없으셨을 겁니다.

스펜서 전혀 아는 게 없었어.

콜필드 ….

스펜서 정말 너무 모르고 있어. 이번 학기 동안 자네가 교과서를 한 번이라도 펼쳐본 적이 있는지 의심스러웠을 정도였으니 말이야.

스펜서가 그냥 무신경한 선생이었다면 힘내라는 형식적인 인사만 하고 그를 떠나보냈을 것이다. 하지만 그는 그렇게 하지 않는데, 아마도 그가 좋은 교육자이기 때문일 것이다. 그런데 콜필드는 스펜서가 같은 말을 반복하며 자신을 붙잡아둔다며 귀찮아한다.

이에 아랑곳하지 않고 스펜서는 콜필드가 쓴, 이집트인에 대한 에세이를 읽어준다. 콜필드는 그럴 필요 없다고 만류했지만, 스펜서를 막을 수는 없었다. 그 에세이는 제삼자인 내가 봐도 한심했다. 이집트인들은 시체를 수 세기 썩지 않을 미라로 만들었는데, 이것이야말로 20세기 현대 과학에 던져진 흥미로운 수수께끼라는 내용이다.

선생은 말한다. 이것이 콜필드가 편 논지의 끝이라고. 더 어처구니없는 건 콜필드가 답안지 말미에 스펜서 선생에게 보내는 편지를 써놨다는 것. 이집트인들에 대해 자기가 아는 게 이게 전부니, 낙제점을 줘도 괜찮다, 어차피 영어 빼고는 다 낙제다, 라는 내용의 편지였으니, 부끄러움은 독자의 몫인 것 같다. 그런데도 스펜서는 교육자로서의 자세를 잃지 않았다. 이전에는 문제가 없었는지, 여기서 퇴학당하면 앞으로 어떻게 할 것인지를 물었으니 말이다. 하지만 콜필드는 스펜서의 말을 새겨듣기는커녕, 자신이 시체라도 된 기분이라며 불쾌해했으니 싹수가 노랗다.

그 뒤 콜필드는 기숙사 친구한테 시비를 걸다 실컷 두들겨 맞고, 짐을 꾸려 세상 밖으로 나간다. 당연한 얘기겠지만 학교에서 쫓겨난 콜필드에게 세상은 너그럽지 않았고, 그는 온갖 수모를 겪는다. 다 읽고 나니 허탈했다. 이게 뭐야? 이게 왜 명작이지? 이 책보다는 내가 앞에 썼던 두 개의 에피소드가 더 와닿지 않는가?

🔖 다른 이들은 왜 이 책을 명작이라 했을까?

《호밀밭의 파수꾼》을 감명 깊게 읽었다는 아내에게 물었다.

대체 어떤 점에서 이 책을 훌륭하다고 느꼈냐고 말이다. 아내는 콜필드가 오리 걱정을 해주는 대목을 꼽았다. 콜필드의 집은 뉴욕인데, 자신이 귀가했을 때 연못이 얼어붙지는 않을지, 그 경우 그곳에 살던 오리는 어떻게 되는지. 어떤 이가 트럭을 몰고 와서 오리들을 태우고 동물원이나 그 비슷한 곳에 데려가지는 않을지, 아니면 오리들이 새 보금자리를 찾아 멀리 날아가 버리는 것인지 등등. 정말 어이없게도, 콜필드가 이 생각을 하는 때는 스펜서 선생이 그를 걱정해 훈계를 하던 때였다. 그에게 한 마디 해주고 싶다. 콜필드야, 지금 네가 오리 걱정할 때냐?

그러면서 콜필드는 오리 생각을 할 수 있는 것에 "정말 운이 좋았다"라고 한다. 심지어 재미있다고까지 말한다. 물론 오리가 어디로 가는지 나 역시 궁금하긴 했지만, 선생님이 자기를 생각해서 시간을 내주는데 주인공은 다른 생각을 하는 게 이 책이 명작인 이유라기엔 좀 부족해 보였다. 그보다는 경찰과의 수모를 멋진 노래로 승화한 내 경험담이 훨씬 더 와닿지 않는가?

그렇다면 내게 이 책을 읽게 만든 동아리 후배는 어떤 생각을 가지고 있을까. 후배에게 연락해 이유를 물어봤다. "어머나 선배님…, 안녕하셨어요? 저는 그 대목이 좋았어요. 콜필드가 호밀밭에서 노는 아이들을 위해 파수꾼이 돼주겠다고 하잖아요. 얼마나 멋져요, 그게?"

이 책의 제목이 된 호밀밭의 파수꾼, 그 얘기가 나오는 건 책의 후반부다. 어른 흉내를 내며 여러 여자에게 껄떡거리다 결국 집에 돌아온 콜필드. 다행히 부모님은 집에 없었고, 초등학생인 여동생 피비만 잠을 자고 있었다. 그는 피비를 깨우고, 이야기를 시작한다.

나이는 어리지만 영특한 피비는 이미 콜필드가 퇴학당한 것을 금세 알아차린다. "수요일에 오지 않고 왜 오늘 온 거야? 혹시 또 퇴학 같은 걸 당한 건 아니겠지?" 콜필드는 아니라고 하지만, 피비는 속지 않는다. 번번이 퇴학이나 당하는 오빠가 한심했는지 피비는 다음과 같은 질문을 한다. "오빠는 모든 일을 다 싫어하는 거지?" 아니라고 우기는 콜필드에게 피비는 이렇게 다그친다. "그럼 뭘 좋아하는지 한 가지만 말해봐."

아마도 콜필드는 한 번도 그에 대해 생각해보지 않았던 것 같다. 이것저것 생각했지만, 다 엉뚱한 것들 뿐. 콜필드는 시간을 끈다. "뭐라고 그랬니?" 그런 그에게 실망하는 피비. 당황한 콜필드는 이런 말까지 한다. "난 지금도 좋아. 너하고 여기서 얘기하고…."

그러다 콜필드는 드.디.어. 그럴듯한 소망을 생각해낸다. 자신은 오래 전부터 호밀밭에서 꼬마들이 재미있게 놀고 있는 모습을 상상했다고 말한다. 거기서 자신이 할 일은 다음과 같았다. 애들이란 앞뒤 생각 없이 마구 달리는 법이니 놀던 아이들이 절벽으로 떨어질 것 같으면 어디선가 자신이 나타나서는 꼬마가 떨어지지 않도록 붙잡아주는 것, "온종일 그일만 하는 거야". 그는 그것이 호밀밭의 파수꾼이라고 설명한다.

당연하게도 피비는 이 말에 별반 감동하지 않았다. 아마 콜필드 역시 그저 순간을 모면하기 위해 나오는 대로 말한 게 아닐까 싶다. 예컨대, 다음 장면처럼 말이다.

콜필드는 호텔 엘리베이터 보이의 꼬임에 빠져 돈을 주고 여자를 부르기에 이르는데, 순수함이라곤 담을 쌓은 그녀의 모습에 성행위를 하고픈 마음이 사라져버린다. 여자가 무슨 문제가 있느냐고 물었을 때 콜필드는 최근에 수술을 받았다고 말한다.

여자 어디를 수술했는데요?
콜필드 뭐라더라, 아. 저… 클라비코드(clavichord)라고 했던 것 같아요.

<u>여자</u> 그건 어디에 있는 거죠?

<u>콜필드</u> 클라비코드 말이에요? 정확하게 말하자면 척수관 안에
있다고 해야겠죠.

의대를 나온 내가 보기에 저 말은 구라다. 척수관이고 뭐고,
해부학을 배울 때 클라비코드란 말 자체를 들어본 적이 없으
니까. 호밀밭의 파수꾼도 마찬가지다. 집에 오기 전 그는 소
꿉친구였던 셀리를 만나기로 하는데, 시간이 남아 브로드웨
이를 방황하던 중 꼬마 아이가 부르는 노래를 듣는다. 제목이
'호밀밭에 들어오는 사람을 잡는다면'인데, 이건 스코틀랜드
시인인 로버트 번스(Robert Burns)의 〈호밀밭 사이로 오고 있
는〉이란 시에 곡을 붙인 노래라고 한다.

이걸로 보아 피비가 뭘 좋아하냐고 추궁했을 때 콜필드의
머릿속에 갑자기 그 노래가 떠올랐던 모양이다. "너 '호밀밭
을 지나가는 사람을 붙잡는다면'이란 노래 알지? 내가 되고
싶은 건…." 피비는 그 노래의 제목은 '호밀밭을 걸어오는
누군가와 만난다면'이라고 정정해준다. 그러자 뜨끔한 콜필
드는 속으로 인정한다. '사실 난 그 시를 잘 모르고 있었다'
라고.

그런데 내가 존경해 마지않는 문학소녀로, 훗날 책도 쓰

게 되는 후배가 이 구절에 반했다? 이걸 어떻게 이해해야 할지 모르겠다.

🔖 미국판 오렌지족에 열광하는 이유?

2017년 〈주간조선〉에 실린 기사 '한국인이 《호밀밭의 파수꾼》을 가장 사랑하는 이유'에 따르면, 민음사 세계 명작 시리즈 중 가장 많이 팔린 책은 바로 《호밀밭의 파수꾼》이라고 한다.

──── 총 278종 중 1위는 J. D. 샐린저의 '호밀밭의 파수꾼'이었다. 2001년 출간 이래 92쇄를 찍었고 50만 부가 넘게 팔렸다. 2위는 37만 부 이상이 팔린 헤르만 헤세의 '데미안', 3위는 36만 부 이상이 팔린 제인 오스틴의 '오만과 편견'이었다. 조지 오웰의 '동물농장', 스콧 피츠제럴드의 '위대한 개츠비'가 그 뒤를 이었다.[8]

이쯤 되면 인정해야 한다. 이 책에 내가 모르는 매력이 숨어 있음을.

억지로 끼워 맞추자면,《호밀밭의 파수꾼》열풍은 우리나라의 살인적인 입시제도가 그 원인일지도 모르겠다. 성적으로 줄을 세우고, 어느 대학에 갔느냐로 최종 승자를 결정하는 현재의 시스템은 분명 잔인하다. 극소수를 제외하고 모두를 패자로 만드는 것이니 말이다. 〈말죽거리 잔혹사〉의 주인공 현수(권상우)가 "대한민국 학교 다 ×까라 그래!"라는 말과 함께 학교를 떠났듯, 폼 나게 그 시스템에서 탈출하는 상상을 한 번쯤 해보지 않은 이가 과연 있을까. 결국 탈주의 꿈을 이루지 못했기에, 학교 밖으로 나가 어른 흉내를 내는 콜필드를 응원하는 게 아니냐는 것이다.

그런데 콜필드는 다섯 과목 중 네 과목을 낙제해서 쫓겨난 것이지, 스스로 그만둔 게 아니다. 게다가 그의 아버지는 모 회사의 고문변호사다. 콜필드도 스스로 말한다. "아버지는 부자다. 수입이 얼마나 되는지는 모르겠다."

이게 다가 아니다. 부유한 할머니가 콜필드에게 풍족한 용돈을 보내준다. 가출한 고교생이 먹을 것이 없어서, 또 잘 곳이 없어서 고생만 하다 집으로 돌아가는 것과 달리, 콜필드는 원 없이 돈을 쓴다. 호텔에 방을 잡고, 나이트클럽에 가고, 늘 택시로 다니며, 돈을 주고 여자를 부른다. 5달러 때문에 엘리베이터 보이에게 맞기도 했지만, 그 이후에도 셀리와 뮤지컬을 보러 가고, 자신에게 말을 걸어준 수녀에게 10달러를 기부한다. 열여섯 소년치고는 꽤 호사스러운 가출인 셈인데, 그래서인지 그가 여자들에게 껄떡거리다 거절을 당하고, 다른 이들한테 두들겨 맞는 장면이 나와도 전혀 가엾지 않았다.

서두에 나열한 내 에피소드도 이와 크게 다르지 않다. 나이 스물이 돼서 아버지한테 혼났다고 집을 나와 소주 한 병을 까며 동시상영 영화를 본 게 전혀 가엾어 보이지 않는 건, 학생증 하나로 날 범죄자 취급하던 경찰 두 명을 친절한 경찰로 바꿀 수 있었기 때문이다. 차를 타고 가다 차량 탈취범 취급을 받은 것 역시, 그 나이에, 그리고 그 시대에 차를 몰았다는 걸 감안하면, 동정의 여지가 없어 보일 것이다.

마찬가지로 돈 많은 사립고에서 퇴학당한 뒤 일탈을 일삼은 미국 오렌지족 얘기는 재수 없게 느껴질지언정, 감동적이진 않다. 오빠라는 작자가 어린 여동생한테 "혹시 돈 좀 가진 것 있냐? 난 지금 빈털터리거든"이라고 말한 뒤 그 돈으로 택시를 타는 건 너무 찌질한 것 아닌가? 이런 박한 평가가 어쩌면 내 탓일 수도 있다. 명색이 성장소설인데 사십 대가 돼서야 책을 읽은 데다, 내가 입시 시스템에서 나름대로 성실하게 노력했고, 결국은 최종 승자가 됐으니 말이다.

책의 마지막 장면을 언급하며 글을 마치자. 콜필드는 병원에 입원한 채 정신과 전문의로부터 '이번 9월에 학교에 가게 되면 공부를 열심히 할 것인지' 추궁당한다. 아마도 돈 많은 아버지가 펜시 고등학교에 맞먹는 좋은 학교에 콜필드를 보냈을 것이다. 아이비리그에 가지는 못할지라도 그의 삶이 별반 어둡지 않으리라는 것은, 나이가 어느 정도 든 사람이라면 예측할 수 있지 않을까. 이렇게 결론지을 수 있겠다. 콜필드 걱정은 사치다, 우리 걱정이나 하자.

악마를 보았다

📖 〈더 글로리〉의 전재준이 보여주는 부성애

"맞다. 너 흉터 있지 않았나? 그거는 다 나았어? 이제는 안 뜨거워?"

세계적으로 인기를 끈 넷플릭스 드라마 〈더 글로리〉는 학교폭력 피해자였던 문동은(송혜교)이 십팔 년간 각고의 노력을 한 끝에 가해자들에게 복수한다는 내용이다. 이 복수가 정당성을 얻는 이유는, 가해자들이 저지른 폭력이 너무 끔찍해서다. 때리고 음식물을 쏟는 것도 모자라, 앞날이 창창한 여학생에게 고데기를 이용해 평생 남을 화상을 입힌 건 용서하기 힘들다. 더 화나는 점은 이 폭력에 대한 제대로 된 처벌이 없었다는 사실이다. 이발소에서 일하는 동은의 어머니와 달리 가해자들의 부모는 부와 권력을 쥔 사람들. 게다가 현직 경찰 간부마저 수족처럼 부리니 처벌은 애당초 가능하지 않았다. 마지막 희망을 품고 찾아간 담임선생은 오히려 그녀를 질책한다.

담임 너, 이거 뭐야? 자퇴 사유, 이거 뭐냐고?

동은 학교폭력이요. 가해자는 박연진, 이사라, 전재준, 최혜정, 손명오. 그리고 선생님은 방관하셨고요.

담임 입 안 다물어? 이게 씨… 니가 팔이 부러졌어? 다리가 부러졌어? 지금 사지 멀쩡해서 잘도 돌아다니는데 뭐가 폭력이야? 뭐가 방관이야? 너, 그 정도면 정신병자야. 알아? 친구끼리 한 대 때릴 수도 있는 거고!

동은 그 한 대는 왜 때려도 되는데요? 그럼 선생님 아들도 친구들한테 한 대 맞아도 괜찮으시겠어요?

담임 이런 씨…!

그러면서 담임은 동은의 머리를 때린다.

담임 (소매 걷으며) 이게 점잖게 대해주니까 이게 아주 날을 잡네? (시계 풀고) 내 아들이 (따귀) 뭐가 (따귀) 어째 (따귀)? 다시 말해봐!

아이들도 용서가 안 되지만, 아이들 교육을 책임진 담임까지 이렇게 가진 자의 편에 서는 건 더욱더 용서가 안 된다. 그래서 동은은 십팔 년이 지난 뒤 그 선생을 찾아가고, 타인의 손을 빌리긴 하지만 어쨌든 복수를 한다. 이제 남은 것은 고데기 가해자들. 교대를 나와 학교 선생이 된 동은은 그 주동자였던 박연진의 딸 예솔이의 담임선생 자리를 쟁취한다. '쟁취'라고 한 것은 그녀가 학교 이사장의 비리를 빌미로 그 자리를 얻었기 때문이다. 문동은도 얘기했지 않는가. "연진아, 여기까지 오는데 우연은 단 한 줄도 없었어."

자신이 괴롭혔던 이가 자기 딸의 담임이 되자 박연진은 불안해진다. 그런데 일이 되려고 그러는지, 연진의 딸 예솔은 현재 남편과의 사이에서 낳은 아이가 아니라, 같은 가해자이자 골프장 소유주인 전재준과의 불륜 관계를 통해 얻은 아이다. 그 사실을 알게 된 전재준도 학부모 초청 일을 핑계 삼아 해당 학교로 찾아간다. 문동은을 만났을 때 그는 말한다.

"경고하는데 연진이 딸 건드리지 마. 어떤 식으로든."

🔖 전재준과 서민

흔히 생각하기엔 남의 피부를 고데기로 지질 정도의 악인이라면 자기 자식에게도 애정이 없을 것 같다. 그런데 전재준은 엄청난 부성애를 발휘한다. 예솔이를 껴안으며 이제부터 자기가 지켜줄 거라고 다짐하더니, 친구인 변호사에게 예솔이를 되찾을 방법을 물어보기까지 한다. 전재준이 문동은을 찾아가 "건드리지 마"라고 하는 것도 당연하다.

물론 전재준은, 나쁜 놈이다. 학폭 가해자에다 다른 이들에게 막말은 기본이고, 자신과 학교 동창인 손명오를 직원으로 부리면서 폭력도 서슴지 않는다. 예솔이가 자기 딸이니까 건드리지 말라고 했을 때, 문동은은 이렇게 반문한다. "니가 모르는 거 같아 알려주는데, 나도 누군가의 딸이었거든, 재준아?"

그러니까 재준이는 자기 자식 소중한 것만 알았지, 그가 괴롭힌 문동은 역시 누군가의 딸이라는 사실을 알지 못했다. 구태여 알려고 하지 않았다는 게 더 맞는 말일 것이다. 그런데 예솔이에게 전재준에 대해 묻는다면, 뭐라고 대답할까? 아마도 좋은 사람, 이라고 말할 것 같다. 왜? 자신에게 진심으로 잘해주니까.

사람이란, 이렇듯 이중적이다. 아무리 좋은 사람도 모든 사람에게 좋은 사람은 아니다. 친구들 잘 챙기고 술값도 잘 내는 사람이 집에서도 좋은 사람일 확률은 그리 높지 않다. 오히려 그는, 자신의 가족보다 친구를 더 챙긴다는 이유로 집에서 원망을 듣고 있을 수 있다.

이제 내 얘기를 해보자. 어머니는 날 좋은 아들이라 생각하신다. 환자를 보진 않지만 의사 면허가 있으니 '의사 엄마'라고 우길 수 있고, 신문과 방송에서 이름을 알림으로써 어머니를 으쓱하게 만들었다. 내 아내는 어떨까? 둘이 있을 땐 "네가 사람이냐?"는 말을 곧잘 하는 아내지만, 실제로는 날 좋아하는 듯하다. 지난 십오 년간 같이 살아준 것도 그렇지만, 내가 암에 걸렸다는 사실을 알려왔을 때 지었던, 하늘이 무너진 것 같은 그 표정은, 나에 대한 아내의 사랑이 '찐'임을 말해준다. 내가 기르는 다섯 마리의 강아지들도 마찬가지다. 그들에게 난 세상에서 가장 좋은 사람이다. 내가 근무하는 학교 지인들, 나와 정치적으로 같은 진영에 있는 이들에게도 난 좋은 사람까진 모르겠지만, 최소한 괜찮은 사람일 확률이 높다.

하지만 이와는 다른 시각도 존재할 것이다. 예컨대 내 첫 번째 결혼 상대인 A 씨를 보자. A 씨는 물론 나 역시, 아주 이상한 사람은 아니었고, 둘 다 직장과 지인들 사이에서 특별히 문제를 일으킨 적은 없었다. 문제는 그녀와 내가 성격적으로 잘 맞지 않는다는 데 있었다. 지옥은, 서로 맞지 않는 두 사람이 만나서 둥지를 틀었을 때 만들어진다. 일 년 남짓한 결혼 생활 중 우린 거의 매일 싸웠고, 싸움이 격해질 때마다 난 본가로 도망쳤다.

네 번째 가출은 지금도 기억에 선하다. 새벽 한 시를 넘긴 시각, 오른손엔 커다란 가방을, 왼쪽 어깨엔 내가 총각 때부터 키우던 몰티즈 강아지를 얹은 채 택시를 기다리고 있었다. 그때의 난 알고 있었다. 이번이 마지막 가출이 될 것임을. 그렇게 우리는 헤어졌다. 그 후 여름옷과 기타 다른 짐들을 챙겨가기 위해 몇 달 뒤 다시 그 집을 방문한 적이 있고, 이혼소송을 위해 법정에서 몇 차례 얼굴을 봐야 했지만, 실질적인 결혼의 끝은 그날 밤이었다.

그 뒤 원하던 행복을 찾았다. 일 년 가까이 지옥에 있어보니, 평상시 내가 몸담은 속세가 바로 천국이었음을 깨달았다는 뜻이다. A 씨가 그 뒤 어떤 삶을 사는지는 알지 못하지만, 그녀 역시 나와 지내던 때보다는 더 나은 삶을 살지 않을까 싶다. 그 헤어짐으로부터 이십 년도 더 지났지만, A 씨에게 나에 대해 묻는다면 그리 좋은 대답이 돌아올 것 같진 않다.

어쩌면 "그 자식은 사람이 아니에요!"라고 하지 않을까?

🪶 나는 악마였다 (1)

부부끼리 싸우다 보면 그럴 수도 있지, 라고 생각할 사람도
있으리라. 문제는 내가 그에 필적할 짓을 또 저질렀다는 데
있다. 내가 그분 — 이제부터 그분을 B 씨라고 부르자 — 을 처
음 만난 건 2019년 5월 15일, 장소는 서울역 앞 한국경제 건
물이었다. 한국경제 출판부에 근무하는 B 씨는 그 자리에서
내게 책 한 권을 같이 쓰자고 했다. 그때 난 다음과 같은 책을
쓰고 싶다고 했다.

　"세계 명작, 우리가 고전이라 부르는 책들 있잖아요, 그 책
들을 읽은 사람은 거의 없어요. '고전은 누구나 다 알지만 정
작 읽은 이는 없는 책'이란 말도 있잖아요. 이유가 뭘까요. 고
전이 재미없고 어렵다는 생각 때문이 아니겠어요? 그래서 제
가 필요합니다."

　그러나 시중에 나온 고전 해설서는 차고 넘친다. 그런데
굳이 내가 거기다 한 권을 보탤 이유가 있을까. "저는요, 어릴
적부터 책을 거의 읽지 않고 살았어요. 삼십 대 들어 글 잘 써

보려고 벼락치기로 책을 좀 읽었지만, 그래 봤자 어려운 책을 읽고 해석할 내공은 기르지 못했어요. 이런 제가 고전을 읽고 감상문을 쓴다면, 사람들이 고전을 더 친숙하게 여기고, 개중에는 고전에 도전할 이도 있지 않을까요?"

B 씨는 내 의견에 흔쾌히 동의했고, 그 자리에서 계약서가 체결됐다. 집필 기간은 넉넉했던 것으로 기억한다. 책 한 권을 읽고 감상문을 쓰려면 넉넉잡아 한 달 정도면 충분하고, 그걸 책 한 권으로 만들려면 최소한 스무 권 정도는 읽어야 하니까, 이 년 정도면 충분하지 않을까. 우린 힘차게 악수를 나눈 뒤 헤어졌다.

다음 일정을 위해 울산으로 향하는 내 마음은 희망에 차 있었다. 기생충학자 서민이 이젠 고전 전도사가 된다! 고전이란 것도 그 당시 베스트셀러였으니, 아주 어렵기만 한 건 아닐 터였다. 하지만 첫 번째 책인 《부활》을 읽을 때, 난 이번 일이 그리 만만한 게 아님을 깨달았다. 당시만 해도 난 스마트폰만 하는 세태를 비판하며 책의 중요성을 강조하던 이였고, 실제 내 가방에는 반드시 책 한 권이 들어 있었다. 게다가 늘 이렇게 말하곤 했다. "책은 억지로 시간을 내서 읽는 게 아니야. 자투리 시간만 이용해도 일주일이면 책 한 권쯤은 능히 읽을 수 있지."

그런 내게도 《부활》은 시련 그 자체였다. 자신이 버린 여성이 윤락녀로 전락한 것에 죄책감을 갖는 것은 당연한 일이지만, 그 일의 속죄를 위해 책 두 권 분량의, 길고도 장황한 과정이 필요하다니. 아닌 척했지만 나 역시 스마트폰에 시나브로 중독된 게 문제였다. 힘겹게 책을 다 읽고 난 뒤 감상문을 썼고, "한 편이 완성될 때마다 보내드리겠다"고 약속한 터라 B 씨에게 메일로 부활 감상문을 보냈다. B 씨는, 잘 받았다며 열심히 하라고 격려했다.

시작이 반이라는 말은 내 경우엔 맞지 않았다. 두 번째 원고는 그보다 더 시간이 걸렸고, 세 번째 원고는 더 많은 시간을 기다려야 했다.

그러는 사이 코로나19가 찾아와 집에 있는 시간이 늘어났지만, 진도는 갈수록 더뎌졌다. 《차라투스트라는 이렇게 말했다》는 읽다가 내상을 입고 집어치웠고, 《부덴브로크가의 사람들》도 두께에 질려 때려치웠다. 책을 읽는 게 어찌나 힘든지, 한 삼십 분쯤 읽고 나면 두 시간씩 딴짓을 했다. 유튜브를 만난 것도 그 시절이었다. B 씨는 아주 가끔씩 내게 연락했다. 엄연히 채권자의 입장이었지만 B 씨는 내게 늘 친절했고, 독촉할 시간이 훨씬 지난 뒤에야 미안한 말투로 연락했다.

📖 나는 악마였다 (2)

- 안녕하세요, 교수님. 날씨가 제법 선선해졌네요. 별일 없으시죠? 혹시 이번 주에 원고… 일부라도 보내주시는 건가 궁금해서요.

- 교수님 안녕하세요. 연말인데 어찌 지내시나요? 별일 없으시죠? 다름이 아니라 원고… 진행이 어찌 되어가나 해서요.

- 교수님, 연말이라 연락 한번 드리고 겸사겸사… 교수님, 꼭 부탁드립니다. 2월까지 꼭이요! 주실 거라고 믿을게요.

- 교수님, 안녕하세요? 별일 없으시죠?

- 안녕하세요, 교수님. 조만간 (육아) 휴직에 들어가게 되어 인사드려요. 휴직 들어가서도 계속 원고 진행 관련해서는 제가 체크할 거라, 이전처럼 원고 되시는 대로 보내주시면 확인하고 연락드리도록 할게요…. 조금 늦었지만 새해 복 많이 받으시고 또 연락드리겠습니다.

문자를 보면 알 수 있지만, B 씨는 좋은 사람이었다. 그리고 난 그 점을 십분 이용했다. 원고 약속을 번번이 어겼으니 말이다. 책을 읽을수록, 책은 더 읽기 싫어졌다. 게다가 2021년 2월부터는 여러 유튜브에 나가며 정치적 발언을 하는 사람이 됐다. 그 전에는 시간이 있었는데 책을 읽지 않았다면, 이젠 시간이 없어 책을 못 읽게 됐다. B 씨가 휴직을 마치는 그해 말까지, 난 거의 원고를 쓰지 못했다. 그 이전만 해도 문자가 오면 바로 답을 했지만, 어느 순간부터는 문자를 받아도 차마 답을 하지 못했다. 평소 문자가 많이 오는 편도 아니면서, 안 읽어서 답을 못 한 척하려고 일부러 확인을 안 하는 파렴치한 짓까지 했다.

- 안녕하세요…. 원고 어느 정도 진행되셨을까요. (2022. 8. 16., 답 안 함)
- 안녕하세요. 벌써 추석이네요. 항상 건강하시길 바랄게요. 명절 즐겁게 보내세요. 서울 오시면 한번 연락 주세요. (2022. 9. 8., '면목 없습니다'라고 짧게 답변)
- 잘 지내시죠? 벌써 올해가 두 달밖에 안 남았어요. 다름 아니라 원고 잘 진행되고 있는지 궁금해서요. (2022. 10. 26., 역시나 '면목 없습니다'라고 짧게 답변)

그 뒤 받은 문자는 공개하지 않으련다. 그것까지 공개하면, 내가 사람이 아니라는 걸, 사실은 악마인 걸 다들 알게 될 테니. 마지노선이라 잡았던 11월까지 원고를 주지 않자, 그녀는

12월 12일 이런 문자를 보낸다. "교수님 ㅠㅠㅠㅠ" "원고 진행 상황 확인 부탁드립니다 ㅠㅠㅠㅠ"

이렇게 사람을 말려 죽이는 놈을 우리는 '악마'라고 부른다. 처음 B 씨와 만난 2019년 6월 이후 삼 년 반 동안, 난 악마 그 자체였다. 이런 짓을 B 씨에게만 저지른 건 아니다. 2019년까지 다른 출판사와 바이러스에 관한 책을 쓰겠다고 약속했다 결국 쓰지 않았는데, 2020년 코로나19 사태가 터지자 담당자는 이렇게 말했다. "그러게 바이러스 책 썼으면 좋았잖아요!"

또 다른 출판 담당자는, 이분과는 글쓰기에 관한 책을 쓰기로 했는데, 기다림에 지쳐 책 작업을 포기하겠다고 알려왔다. 그 기간 나와 정치적 진영이 같은 사람들로부터 '의인', '정의의 사도'로 불렸으니, 이 얼마나 기막힌가? 〈더 글로리〉의 재준은 멀리 있는 게 아니다.

🔖 여러분도 도전해보세요

날 포기한 다른 출판사와 달리 B 씨는 책 출간을 포기하지 않았다. 대신 그간 보낸 원고들을 가지고 책 한 권을 만들어보겠다고 했다. 물론 B 씨는 원고를 조금만 더 써주면 안 되겠냐고 했지만, 난 그 부탁마저 외면했다. 원래 세웠던 계획보다 훨씬 얇은 책이 만들어진 건 이 때문이다. 내 게으름으로 인해 빛이 바래긴 했지만, 이 작업은 날 다른 사람으로 만들었다. 대부분의 사람이 고전을 축약본으로 읽는 데 반해, 난 《돈키호테》와 《카라마조프가의 형제들》, 《부활》 등등을 원본으로 읽은 대한민국 몇 프로 안에 드는 사람이 됐으니까.

문학 전문가들은 '축약본으로 읽으면 책의 정수를 알 수 없다'며 원본을 권하지만, 책의 정수를 알지 못하는 건 원본을 읽은 나 역시 마찬가지다. 《돈키호테》와 《카라마조프가의 형제들》이 말하는 게 뭔지 난 여전히 모르고 있으니까. 그 정수라고 하는 것은 어느 정도의 내공이 있어야 파악할 수 있는 것이라, 삶의 대부분을 책과 떨어져 살아온 나 같은 놈에겐 애당초 가능하지 않았다.

그럼 원본을 읽는 게 뭐가 좋을까? 난관에 봉착할 때마다 난 속으로 중얼거린다. '민아, 힘내. 넌 《돈키호테》도 읽었잖아?' 이런 주문은 날 특별한 사람이 된 양 착각하게 만들고, 눈앞에 닥친 난관도 헤쳐 나갈 수 있게 한다. 하도 이런 짓을 많이 했더니 이젠 난관을 만나도 난관인 줄 모르는 경지까지 이른 건 함정이지만.

그래서 난 이 책을 읽는 독자에게 권한다. 몇 권 정도라도 원본에 한번 도전해보라고. 거기서 얻을 수 있는 게 의외로 많으며, 이것이 그 후 세상을 잘 사는 자양분이 된다고. 술잔을 기울이며 "이 더러운 세상"이라고 한들 관심 가져주는 이가 없겠지만, "카라마조프가의 형제들도 마다할 세상"이라고 하면 멋있다는 찬사를 한 몸에 받지 않겠는가? 올 한 해, 고전의 바다에 빠져보자.

천안 집구석에서 서민

참고문헌

고전문학

1 샬럿 브론테, 유종호 옮김,《제인 에어 1, 2》, 민음사, 2004년

2 레프 톨스토이, 연진희 옮김,《부활 1, 2》, 민음사, 2003년

3 미겔 데 세르반테스, 박철 옮김,《돈키호테》, 시공사, 2004년

4 요한 볼프강 폰 괴테, 정서웅 옮김,《파우스트 1, 2》, 민음사, 1999년

5 레프 톨스토이, 연진희 옮김,《안나 카레니나 1~3》, 민음사, 2009년

6 표도르 도스토옙스키, 김연경 옮김,《죄와 벌 1, 2》, 민음사, 2012년

7 가브리엘 가르시아 마르케스, 조구호 옮김,《백년의 고독 1, 2》, 민음사, 2000년

8 알베르 카뮈, 김화영 옮김,《페스트》, 민음사, 2011년

9 밀란 쿤데라, 방미경 옮김,《농담》, 민음사, 1999년

10 표도르 도스토옙스키, 김연경 옮김,《카라마조프가의 형제들 1~3》, 민음사, 2007년

11 단테 알리기에리, 박상진 옮김,《신곡-지옥/연옥/천국편》, 민음사, 2007년

12 데이비드 허버트 로런스, 정상준 옮김,《아들과 연인 1, 2》, 민음사, 2002년

13 제롬 데이비드 샐린저, 공경희 옮김,《호밀밭의 파수꾼》, 민음사, 2001년

그 외 참고문헌

1 이현우, 《로쟈의 세계문학 다시 읽기》, 오월의봄, 2012년, 138쪽

2 서민, 《서민 독서》, 을유문화사, 2017년, 339쪽

3 최인수, 윤덕환, 채선애, 송으뜸, 김윤미, 《2019 대한민국 트렌드》, 한국경제신문, 2018년, 27쪽

4 임성수, "이름대로 행동한다"… '이름 효과' 발표, 쿠키뉴스, 2007년 11월 18일, https://news.naver.com/main/read.nhn?mode=LSD&mid=sec&sid1=104&oid=143&aid=0000078467

5 Leif D. Nelson, Joseph P. Simmons, ⟨Moniker Maladies: When Names Sabotage Success⟩, Psychological Science, Volume 18, Issue 12., https://journals.sagepub.com/doi/10.1111/j.1467-9280.2007.02032.x

6 유종호, 오늘의 시대와 고전: 2015-2016 고전 읽기를 통한 오늘의 한국 사회에 대한 학문적 성찰, 2015년 12월 19일, 강연 영상 https://openlectures.naver.com/contents?contentsId=79165&rid=2892

7 표정훈, 추억 엽서-대한민국 60년, 15. 동시상영관, 조선일보, 2008년 7월 30일, https://www.chosun.com/site/data/html_dir/2008/07/29/2008072901573.html

8 김민희, 한국인이 '호밀밭의 파수꾼'을 가장 사랑하는 이유, 주간조선, 2017년 7월 28일, http://weekly.chosun.com/news/articleView.html?idxno=11858

어떻게 읽을 것인가
서민의 고전을 읽어드립니다

제1판 1쇄 인쇄 | 2023년 5월 8일
제1판 1쇄 발행 | 2023년 5월 19일

지은이 | 서민
펴낸이 | 김수언
펴낸곳 | 한국경제신문 한경BP
책임편집 | 최경민
교정교열 | 김기남
저작권 | 백상아
홍보 | 이여진 · 박도현 · 정은주
마케팅 | 김규형 · 정우연
디자인 | 지소영
본문디자인 | 디자인 현

주소 | 서울특별시 중구 청파로 463
기획출판팀 | 02-3604-590, 584
영업마케팅팀 | 02-3604-595, 562   FAX | 02-3604-599
H | http://bp.hankyung.com   E | bp@hankyung.com
F | www.facebook.com/hankyungbp
등록 | 제 2-315(1967. 5. 15)

ISBN 978-89-475-4896-0   03100